필수
여행영어회화

손안에 쏘옥~

필수 여행영어회화

한현숙 지음

가림Let's

손안에 쏘옥~
필수 여행영어회화

2004년 1월 10일 제1판 1쇄 발행
2007년 4월 25일 제1판 4쇄 발행

지은이/한현숙
펴낸이/강선희
펴낸곳/가림Let's

등록/2001. 12. 1. 제5-206호
주소/서울시 광진구 구의동 57-71 부원빌딩 4층
대표전화/458-6451 팩스/458-6450
홈페이지 http://www.galim.co.kr
전자우편 galim@galim.co.kr

값 7,000원

ⓒ 가림Let's, 2004

저자와의 협의하에 인지를 생략합니다.

불법복사는 지적재산을 훔치는 범죄행위입니다.
저작권법 제97조의 5(권리의 침해죄)에 따라 위반자는 5년 이하의 징역
또는 5천만 원 이하의 벌금에 처하거나 이를 병과할 수 있습니다.

ISBN 978-89-89967-08-8 03740

가림출판사 · 가림M&B · 가림Let's의 홈페이지(http://www.galim.co.kr)에 들어오시면 가림출판사 · 가림M&B · 가림Let's의 신간도서 및 출간 예정 도서를 포함한 모든 책들을 만나실 수 있습니다.
온라인 서점을 통하여 직접 도서 구입도 하실 수 있으며 가림 홈페이지 내에서전국 대형 서점들의 사이트에 링크하시어 종합 신간 안내 및 각종 도서 정보, 책과 관련된 문화 정보를 받아보실 수 있습니다. 또한 홈페이지 방문시 회원으로 가입하시면 신간 안내 자료를 보내드립니다.

책 머리에

해외여행을 한다는 것은 생각만 해도 즐겁고 재미있는 일이다.
그런데 언어라는 장벽 때문에 제대로 여행을 할 수 있을지, 혹시 어려움은 없을지 등 많은 생각을 갖게 된다.
우리는 학교를 다니던 십수 년 동안 영어를 공부했지만 우리 생활 속에서 왠지 낯선 말이 영어이다. 아이가 말을 배울 때, 같은 말을 계속 반복하고 사용하듯이 영어도 기본적인 단어 몇 개만을 외우고 계속 반복해서 사용한다면 어느 정도 의사소통을 할 수 있고 편안한 여행을 할 수 있을 것이다.
만약 외국인이 말을 걸면 어떻게 하나 가슴 떨지 말고 "감사합니다." 하며 틀린 문장이라도 자꾸 말하다보면 입도 트이고 귀도 열린다.

이 책은 긴 문장과 짧은 문장을 동시에 기록하여 원발음에 가깝게 표기하려고 노력했다. 그러므로 이 책이 여행하는 독자들로 하여금 언어에 자신감을 갖게 도울 수 있었으면 좋겠다.
책 끝부분에 가장 많이 사용하는 단어도 사전식으로 우리말의 ㄱ, ㄴ, ㄷ… 순으로 실어 놓았으므로 여행지에서 긴급한 상황에서 단어를 쉽게 찾을 수 있을 것이다.

뜻 깊고 즐거운 여행이 되기를 기원하면서 이 책이 부디 많은 도움이 되기를 바란다.

2003년 12월
한 현 숙

Contents

책머리에	9
이 책의 특징	15
공항에서 필요한 것들	16
가고자 하는 곳에 대한 간단한 지식	19
여행짐 꾸리기	21
출국 절차	24

기본의 기본 — 25

인사하기	27
영어를 말할 수 있나요?	30
양해를 구할 때	32
자신을 소개할 때	34

비행기를 탔을 때 — 37

내 자리 찾기	39
주위 승객이 불편을 줄 때	43
기내에서 서비스 받기와 승무원에게 부탁하고 싶을 때	45
기내 면세품 사기	50
몸의 상태가 좋지 않을 때	52
입국신고서 작성	54

Contents

도착된 공항에서   55

도착된 공항에서	57
다른 비행기로 갈아탈 때	59
입국심사대에서	60
짐을 찾을 수 없을 때	63
세관통과할 때	65
환전할 때	67
공항에서 목적지까지 가는 방법	69

숙소에서   73

숙소에서	75
내게 맞는 숙소 정하기	76
호텔 예약 및 체크인할 때	78
필요한 것이 있을 때 룸 서비스 받는 요령	83
호텔 편의 시설 이용하기	86
체크아웃할 때	89

식당에서   91

맛있는 음식점 찾기	93
음식점에서 웨이터의 도움이 필요한 경우	99
음식값 지불하기	101
술 한잔 하기	103
차 한잔 마시기	105
테이크아웃점 이용하기	107
패스트푸드점 이용하기	108

Contents

거리에서   111

관광안내소 이용하기	113
어디에 있는지 모를 때	115
길을 잃었을 때	116
가는 방법을 모를 때	118
가는 방법을 모를 때	119

대중교통 이용하기   121

버스를 탈 때	123
택시를 탈 때	126
기차를 탈 때	128
유레일 패스를 이용할 때	133
배를 이용할 때	135
전철이나 지하철을 이용할 때	138
렌트 사무실에서	140
주유소에서	144
정비소에서	146
주차장에서	148

구경하기   151

전시장 관람	153
사진 및 비디오 촬영	155
공연관람	157
레저 스포츠 즐기기와 관람	160
관전	165

Contents

관광 투어	166
각국의 화폐 단위	168

쇼핑하기   169

여행지 토속 상품점 찾기	171
물건 값 깎기	173
원하는 물건 고르기	175
계산하기	178
쇼핑가 찾기	180
면세점 이용하기	182
교환 및 환불	184

소식 전하기   185

소식 전하기	187
국제전화	189
시내전화	192
인터넷 및 팩스 이용하기	194
우편물	196

현금지급기 이용하기   199

현금 지급기 이용	201

Contents

소지품을 분실했을 때 203

소지품 분실시 대처 요령 205
여권 분실 207
여행자 수표 및 카드 분실시 209
항공권 분실 및 변경 211

비상사태가 발생했을 때 213

비상사태 215
도움 요청하기 216
가방을 잃었을 때 217
교통사고 219
병원 이용하기 221
약국에서 224
화장실 이용하기 226

여행 중 꼭 필요한 필수 영어사전 ❶ 227

시간	229	계절	232	게시판	236
요일	230	숫자	232	신체	239
월	231	채소	234	동물·곤충	
달	231	과일	235		242

여행 중 꼭 필요한 필수 영어사전 ❷ 245

이 책의 특징

여행을 한다는 것은 즐거운 일이다. 어린아이처럼 며칠 전부터 마음이 설렌다.

내가 가고자 하는 곳의 사람들을 알고 문화와 언어와 사상·풍습을 알면 한결 즐겁고 보람되며, 유익한 여행이 될 것이다.

여행은 단순히 보며 즐기는 것이 아니라 내가 그 곳의 조건에 동화되고 흡수되어 가는 것! 그것이 바로 여행의 묘미가 아닐까?

여행에서 가장 필요한 것은 언어라고 생각한다. 말이 통해야 여행이 한층 재미있고 유익하기 때문이다.

이 책은 누구나 손쉽게 이용할 수 있도록 내용을 엮었다.

같은 뜻을 내포하고 있는 긴 문장과 짧은 문장으로 대화가 가능하도록 표기했다. 그리고 영어를 원발음에 가깝도록 한글로 표기하려고 했다.

웃음도 중요한 대화 중의 하나이다. 웃는 얼굴에는 모든 대화가 가능하다.

부록으로 많이 사용하고 꼭 알아야 하는 기본적인 단어들을 찾기 쉽게 수록해 놓았다. 영어를 못 한다고 포기하지 말고 틀린다 할지라도 주저하지 말고 사용하자.

공항에서 필요한 것들

1. 여 권

여권(Passport)은 해외에서 사용하는 신분증이라고 표현할 수 있다. 여행자가 대한민국 국민임을 증명하는 신분증이다.

여권에 사용하는 영문이름은 신용카드상이나 모든 서류상에서 동일한 영문 철자이어야 외국에서 사용이 가능하다.

여권에 필요한 구비 서류를 갖추어 외무부 여권과, 각 시청·도청·여권과에 신청하거나 여행사에 의뢰하면 4일 정도이면 발급 받을 수 있다. 해외에서 여행중에 여권을 분실했을 경우 해당 국가 한국영사관에 분실 신고 후 재발급 받을 수 있다.

2. 비행기표

여행사나 항공사를 통해서 비행기 좌석을 예약한다는 의미이다. 공항에서 체크인 수속을 할 때 제출해야 하는 것이 비행기표(Flight ticket)이다.

비행기표에는 고객의 성명, 출발일, 출발시간, 항공사 이름 비행기 고유번호, 목적지, 경유지, 편명, 비행기표 만기일, 수하물 허용한도, 항공클래스, 비행기표 번호, 금액, 항공사 코드, 발권자 등이 기입되어 있다.

비행기표 한쪽 면을 복사해 두는 것도 분실사를 대비해 안전하다. 만약 비행기표를 분실했을 경우에는 여행가이드에게 알리고 비행기표 발권회사에 사실을 알려 재발급 받도록 조치한다.

3. 탑승권

공항에서 체크인 수속을 마치면 탑승권(Boarding Pass)을 받게 되는데, 비행기 좌석 번호가 쓰여 있다. 비행기에 오를 때 이 탑승권을 내는 것이다.

4. 수하물

휴대 수하물(Luggage)은 내가 들고 들어 갈 수 있는 짐으로 가로, 세로 규격의 제한이 있다. 위탁 수하물은 비행기 화물칸에 실을 수 있도록 맡기는 짐이다. 좌석 등급에 따라 짐의 무게가 제한되어 있다. 체크인 수속을 할 때 수하물표를 받아 이름, 목적지 전화번호, 목적지 주소, 편명을 기재하여 위탁 수하물에 부착하면 목적지에 도착 후 쉽게 찾을 수 있다. 만약 수하물을 분실할 경우 목적지의 수하물 분실 신고 센터에 가서 신고하면 찾아 준다.

5. 공항 이용권

공항 이용권(Airport tax)은 공항을 이용하는 이용세금이다. 어느 나라나 공항을 이용하는 사람에게 부과되는 세금이다.

6. 출입국 카드

출입국 카드(ED card)를 작성해 놓고, 병무에 해당되는 남자의 경우는 병무 신고를 한다.

가고자 하는 곳에 대한 간단한 지식

1. 언 어

언어(Language)는 생각이나 감정을 소리로서 상대방에게 전달하는 표현방식이다.

수백 개의 언어가 있지만 그 중 영어가 보편적으로 사용되고 있다. 종종 다른 나라 사람들이 얘기하는 것을 듣다보면 싸우는 것처럼 들릴 때가 있다. 그 나라 사람들이 우리나라 말을 들으면 똑같을 것이다. 비록 무슨 뜻인지 정확히 몰라도 이해하려는 마음으로 듣는다면 상대방도 예의를 갖추어 들으려고 할 것이다.

2. 기 후

가고자 하는 나라의 기후(Weather)를 알면 유익한 점이 많다. 옷을 잘 조정하여 짐을 꾸릴 수 있고 바람기 많이 부는지, 태양이 강렬한지, 추운지 등을 알면 미리 준비물을 그 곳의 기후에 맞게 준비할 수 있다.

3. 문 화

종교, 사회, 예술, 인종, 풍습, 역사 등 방문 지역의 문화(Culture)를 알면 여행이 한결 재미있고 새로운 각도에서 사물을 보게 되며 그 지방에 대한 관심과 의미가 달라진다.

4. 주 식

주식(Main Food)이 쌀인지 혹은 빵인지 아는 것도 중요하다. 가는 곳마다 음식이 다르고 내 입맛에 맞는 곳을 찾기도 쉽지 않다. 오히려 여행지의 음식을 즐기는 것도 여행의 묘미 중의 하나가 아닐까 싶다. 가끔씩 고향이 그립듯 내 나라가 그리울 때는 고추장도 꺼내 먹고 김도 꺼내 먹는다면 그리움을 달랠 수 있다.

여행짐 꾸리기

짐 꾸리는 과정 중 가장 먼저 챙겨야 할 것은 건강이라는 짐을 꾸리는 것이다. 여행한다는 설렘과 긴장 속에서 자칫 건강에 소홀하기 쉽다. 충분한 수면과 영양을 공급해 주어 지치지 않도록 유의하고, 여행 중이라도 적당한 운동을 해야 할 것이다.

1. 가방

너무 크고 무거워서 끌고 다니기가 불편해서는 안 된다. 바퀴가 달려 있어 사방으로 굴러 갈 수 있는 가방(bag)을 선택하고, 손잡이가 있어서 손쉽게 들고 놓고 할 수 있는 것으로 선택한다.

2. 보조 가방

여권, 비행기표, 돈, 볼펜, 수첩, 신용카드, 지갑, 여행자 수표, 여행자 보험증, 운전면허증(국제), 여권용 사진, 계산기, 카메라와 필름, 여행안내서, 영어 회화책, 휴대폰 등은 보조가방(auxiliary bag)에 넣어 따로 휴대한다.

3. 의 류

 여행지나 여행 일정에 따라 옷(clothes)이 많아지고 적어질 수 있지만 가능하면 많이 가져가지 않는 것이 좋다. 밤과 낮의 기온차이가 심한 곳을 여행할 때는 따뜻한 긴 팔 옷을 반드시 준비해 가지고 간다. 고급 음식점, 호텔, 공연장 같은 곳에 들어 갈 경우를 대비해 정장 옷도 준비한다. 강한 햇빛을 차단하기 위한 선글라스와 챙이 큰 모자도 준비한다.

4. 개인 필수품

 개인 필수품(personal belongings)으로 감기약, 멀미약, 두통약, 소화제, 상비약 등은 평상시 복용하던 것을 지참하는 것이 비상시를 대비해서 중요하다. 칫솔, 치약, 면도기는 꼭 챙겨야 하는 필수품이다. 종종 호텔 안에 구비되어 있지 않는 경우가 있기 때문이다. 카메라 필름과 건전지도 여분을 준비해 간다. 국제전화 카드도 미리 구입하여 가족과 연락하는 것도 중요하다.

5. 해외 여행보험

 여행하는 도중 안전이 제일 중요하다. 여행 중 언제, 어디서, 어떤 일이 일어날지 아무도 모르기 때문에 안전한 여행의 한 방법이 해외 여행보험(Insurance)에 가입하는 것이다. 여행사에서 주최하는 단체 패키지 상품에는 경비에 보험료가 포함되어 있는 경우가 대부분이므로 여행 중 발생하는 사고에 대비할 수 있다. 개별 여행자들은 여행을 떠날 때 해외 여행보험에 가입해 놓으면 집을 떠날 때부터 돌아올 때까지의 안전을 보상받을 수 있다.

6. 환 전

 외국에서 여행자가 신고하지 않고 소지할 수 있는 최대 액수는 미화 10,000달러이고, 카드 한도액은 미화 5,000달러이다. 유럽이나 호주 등지의 호텔과 식당에서는 대부분 신용카드를 사용할 수 있어서 편리하다. 나라마다 다르지만 100달러짜리 큰돈보다는 작은 돈으로 환전(Exchange)하는 것이 편리하며, 팁을 주기에는 1달러짜리가 좋으므로 넉넉히 준비해 가는 것도 좋다. 여행자 수표(Traveler's checks)에는 발행일련 번호가 있어서 이 번호만 알고(수첩에 일련번호를 꼭 적어 놓는다) 있으면 분실해도 보상을 받을 수 있어서 사용하기에 편리하다.

출국 절차

1. 적어도 출발 2~3시간 전에는 공항에 도착한다.
2. 출입국 카드(ED card)를 작성하고, 남자의 경우 공항 병무청에서 병무 신고를 한다.
3. 비행기표를 보여주고 탑승수속과 수하물을 체크인 한다.
4. 공항 청사 내 은행 및 환전소에서 공항 이용권(15,000원)을 구입한다.
5. 3층 출국장으로 들어간다.
6. 보안검사대에서 보안 검사를 받는다.
7. 세관검사를 받는다.
8. 여권, 탑승권, 출국카드를 지참하고 출국 심사를 받는다.
9. 탑승 게이트 번호를 확인하고 탑승한다.

기본의 기본

인사하기
(Greetings)

감사합니다.
Thank you very much. / Thank you.

쌩큐 베리 머취. / 쌩큐.

천만에요.
You're welcome.

유어 웰컴.

안녕하세요. (아침인사)
Good morning.

굳 모닝.

안녕하세요. (오후인사)
Good afternoon.

굳 애프터눈.

안녕하세요. (저녁인사)
Good evening.

굳 이브닝.

안녕히 주무세요.
Good night.
굿 나잇.

안녕하세요.
Hello. / Hi.
헬로우. / 하이.

처음 뵙겠습니다
How do you do?
하우 두 유 두?

어떻게 지내십니까?
How are you, Sir?
하우 아 유, 써?

좋습니다.
Fine thank you.
파인 쌩큐.

당신은 어떻습니까?
And you?
앤드 유?

나 역시 좋습니다.
Fine, too.
파인, 투.

만나서 반갑습니다.
I'm glad to see you.
아임 글래드 투 씨 유.

매우 즐거웠습니다.
I had a good time.
아이 해드 어 굿 타임.

저 역시 즐거웠습니다.
So do I.
쏘 두 아이.

좋은 여행되세요.
Enjoy your trip.
엔조이 유어 트립.

안녕히 가세요.
Good bye. / See you.
굿 바이. / 씨 유.

기본의 기본

영어를 말할 수 있나요?
(Can you speak English?)

영어를 할 줄 아십니까?
Can you speak English?
  캔 유 스피크 잉글리쉬?
Speak English?
  스피크 잉글리쉬?

영어를 조금 할 수 있어요.
I can speak English a little.
  아이 캔 스피크 잉글리쉬 어 리틀.
A little.
  어 리틀.

다시 한 번 말해 주겠어요?
I beg your pardon?
  아이 베그 유어 파든?
Pardon me?
  파든 미?

내 말을 이해하십니까?

Do you understand me?

두 유 언더스탠드 미?

Understand me?

언더스탠드 미?

이해 못 하겠습니다.

I don't understand.

아이 돈 언더스탠드.

No, I don't.

노우, 아이 돈트.

한번 더 얘기해 주세요.

Please speak once more.

플리즈 스피크 원스 모어.

Once more, please.

원스 모어, 플리즈.

기본의 기본

양해를 구할 때
(Asking something needed)

화장실을 먼저 사용해도 될까요?

I'm in trouble, may I use the rest room first?
 아임 인 트러블, 메이 아이 유즈 더 레스트 룸 퍼스트?

Rest room first?
 레스트 룸 퍼스트?

여기에 앉아도 될까요?

Can I sit here?
 캔 아이 씻 히어?

Sit here?
 씻 히어?

담배를 피워도 되겠습니까?

May I smoke?
 메이 아이 스모크?

Smoke, please.
 스모크, 플리즈.

창문을 열어도 괜찮겠습니까?

May I open the window?

메이 아이 오픈 더 윈도우?

Open the window, please.

오픈 더 윈도우, 플리즈.

지나가도 되겠습니까?

Excuse me, can I pass here?

익스큐즈 미, 캔 아이 패스 히어?

Let me pass, please.

렛 미 패스, 플리즈.

헤드폰을 사용해도 되겠습니까?

May I use the headphone?

메이 아이 유즈 더 헤드폰?

Headphone, please.

헤드폰, 플리즈.

화장실은 어디에 있지요?

Where is the rest room?

훼어 이즈 더 레스트 룸?

Rest room, please.

레스트 룸, 플리즈.

기본의 기본

자신을 소개할 때
(Introduce self)

제 소개를 해도 되겠습니까?

May I introduce myself?

메이 아이 인트러듀스 마이셀프?

Let me introduce myself.

렛 미 인트러듀스 마이셀프.

당신의 이름이 무엇입니까?

What's your name?

홧츠 유어 네임?

Your name, please.

유어 네임, 플리즈.

제 이름은 홍길동입니다.

My name is Gil-dong Hong.

마이 네임 이즈 길동 홍.

Gil-dong Hong.

길동 홍.

어디에서 오셨습니까?

Where do you come from?

훼어 두 유 컴 프롬?

Where are you from?

훼어 아 유 프롬?

한국에서 왔습니다.

I come from Korea.

아이 컴 프롬 코리어.

From Korea.

프롬 코리어.

당신은 어디서 오셨지요?

How about you?

하우 어바웃 유?

About you?

어바웃 유?

나는 사업가입니다.

I'm a business man.

아임 어 비즈니스 맨.

Business man.

비즈니스 맨.

나는 사업차 여행중입니다.

I'm on a business trip.

아임 온 어 비즈니스 트립.

Business trip.

비즈니스 트립.

만나뵙게 되어서 기쁩니다.

I'm glad to meet you.

아임 글래드 투 밋 유.

Nice to meet you.

나이스 투 밋 유.

비행기를 탔을 때

비행기를 탔을 때

내 자리 찾기
(My seat)

내 자리는 어디지요?

Where is my seat?

훼어 이즈 마이 씨트?

Where is?

훼어 이즈?

여기는 제 자리인데요.

I think you are in my seat.

아이 씽크 유 아 인 마이 씨트.

My seat.

마이 씨트.

실례지만, 이 자리가 비어 있습니까?

Excuse me, is this seat taken?

익스큐즈 미, 이즈 디스 씨트 테이큰?

Seat taken?

씨트 테이큰?

일행과 좌석이 떨어져 있는데 함께 앉아도 될까요?

Can I move my seat to sit with my companion?

캔 아이 무브 마이 씨트 투 씻 위드 마이 컴패년?

Can I move to there?

캔 아이 무브 투 데어?

창가쪽에 앉아도 되겠습니까?

Can I have a window seat?

캔 아이 해브 어 윈도우 씨트?

Window seat, please.

윈도우 씨트, 플리즈.

안쪽으로 들어가도 될까요?

May I go in?

메이 아이 고우 인?

Let me go in, please.

렛 미 고우 인, 플리즈.

베개와 담요를 부탁합니다.

Can I have a blanket and a pillow?

캔 아이 해브 어 블랭킷 앤 어 필로우?

A blanket and a pillow, please.

어 블랭킷 앤 어 필로우, 플리즈.

한국어 신문이 있습니까?

Do you have a korean newspaper?

두 유 해브 어 코리언 뉴스페이퍼?

Korean newspaper, please.

코리언 뉴스페이퍼, 플리즈.

물 한잔 주시겠어요?

Can I have a cup of water?

캔 아이 해브 어 컵 어브 워터?

Water, please.

워터, 플리즈.

좌석을 눕혀도 될까요?

May I recline the seat?

메이 아이 리클라인 더 씨트?

Recline the seat, please.

리클라인 더 씨트, 플리즈.

좌석을 똑바로 세우고 싶어요.

Excuse me, I want to sit up-right.

익스큐즈 미, 아이 원 투 씻 업 라이트.

Up-right, please.

업 라이트, 플리즈.

화장실은 어디지요?

Where is lavatory?
훼어 이즈 레버터리?

Lavatory, please.
레버터리, 플리즈.

담배를 피워도 되겠습니까?

May I smoke?
메이 아이 스모크?

Smoke?
스모크?

비행기를 탔을 때

주위 승객이 불편을 줄 때(As having inconvenience from passengers)

앞쪽 의자가 너무 뒤로 젖혀졌는데요.

Excuse me, your seat is too far back.

익스큐즈 미, 유어 씨트 이즈 투 파 백.

Too far back.

투 파 백.

뒤쪽 아이가 발로 등받이를 차는데요.

The child behind me is kicking the back of my seat.

더 차일드 비하인드 미 이즈 킥킹 더 백 어브 마이 씨트.

Please stop kicking.

플리즈 스탑 킥킹.

아이가 너무 시끄럽네요.

The child is too noisy.

더 차일드 이즈 투 노이지.

Too noisy.

투 노이지.

좌석을 다른 곳으로 바꿔도 될까요?

Can I change my seat?

캔 아이 체인지 마이 씨트?

Can I change?

캔 아이 체인지?

비행기를 탔을 때

기내에서 서비스 받기와 승무원에게 부탁하고 싶을 때
(Services and meals in the plane)

시원한 음료수를 마시고 싶은데요?

Do you have something cold to drink?

두 유 해브 썸씽 콜드 투 드링크?

Something cold to drink?

썸씽 콜드 투 드링크?

물(주스) 한잔 갖다 주시겠어요?

Could you bring me a glass of water(juice)?

쿠드 유 브링 미 어 글래스 어브 워터(주스)?

A glass of water(juice), please.

어 글래스 어브 워터(주스), 플리즈.

물수건 좀 주시겠어요?

Can I have a wet towel?

캔 아이 해브 어 웻 타월?

Wet towel, please.

웻 타월, 플리즈.

식사는 닭고기(생선)로 하겠어요.

I'd like to have the chicken(fish).

아이드 라이크 투 해브 더 치킨(피쉬).

Chicken(fish), please.

치킨(피쉬), 플리즈.

음료는 어떤 것들이 있나요?

What kind of beverage do you have?

홧 카인드 어브 베버리지 두 유 해브?

What kind of drink?

홧 카인드 어브 드링크?

맥주 한 병만 주세요.

A bottle of beer, please.

어 바틀 어브 비어, 플리즈.

Beer, please.

비어, 플리즈.

콕 한잔 주세요.

A cup of coke, please.

어 컵 어브 콕, 플리즈.

Coke, please.

콕, 플리즈.

커피(차) 한잔 마시고 싶어요.

I'd like to have a cup of coffee(tea).

아이드 라이크 투 해브 어 컵 어브 커피(티).

Coffee(tea), please.
　커피(티), 플리즈.

설탕과 크림을 부탁해도 될까요?
Can I have some sugar and cream?
　캔 아이 해브 썸 슈거 앤 크림?
Sugar and cream, please.
　슈거 앤 크림, 플리즈.

지금 배가 고프지 않아요.
I'm not hungry now.
　아임 낫 헝그리 나우.
Not hungry.
　낫 헝그리.

제 배가 더부룩해요.
My belly is puffy.
　마이 벨리 이즈 퍼피.
Puff belly.
　퍼프 벨리.

소화제를 좀 주시겠어요?
Do you have a medicine for digestion?
　두 유 해브 어 메디신 포 다이제스쳔?
Digestion medicine, please.
　다이제스쳔 메디신, 플리즈.

신문(한국어)을 볼 수 있습니까?

May I have a (korean) newspaper?

메이 아이 해브 어 (코리언) 뉴스페이퍼?

Newspaper, please.

뉴스페이퍼, 플리즈.

잡지를 볼 수 있을까요?

May I have a magazine?

메이 아이 해브 어 매거진?

Magazine, please.

매거진, 플리즈.

노트북을 사용해도 될까요?

Can I use my Notebook(Laptop computer)?

캔 아이 유즈 마이 노트북(랩탑 컴퓨터)?

Can I use this?

캔 아이 유즈 디스?

메모지와 펜을 주시겠어요?

May I have a pen and a piece of paper?

메이 아이 해브 어 펜 앤 어 피스 어브 페이퍼?

Pen and paper, please.

펜 앤 페이퍼, 플리즈.

어느 버튼이 승무원을 부르는 것이지요?

Where is the button to call the crew?

훼어 이즈 더 버튼 투 콜 더 크루?

Where crew call button is?

훼어 크루 콜 버튼 이즈?

지금 어느 부근을 날고 있습니까?

Where are we now?

훼어 아 위 나우?

Where now?

훼어 나우?

얼마 후에 런던에 도착하지요?

How many hours do we need to London?

하우 메니 아우어즈 두 위 니드 투 런던?

How many hours?

하 메니 아우어즈?

비행기를 탔을 때

기내 면세품 사기
(Duty free service)

기내에서 면세품을 판매합니까?

Do you sell tax free goods on the flight?

두 유 셀 택스 프리 구즈 온 더 플라이트?

Sell duty free?

셀 듀티 프리?

향수는 어떤 것들이 있지요?

What kind of perfume do you sell?

홧 카인드 어브 퍼퓸 두 유 셀?

What kind of perfume?

홧 카인드 어브 퍼퓸?

화장품 있나요?

Do you have cosmetic items?

두 유 해브 코스메틱 아이템즈?

Cosmetic items.

코스메틱 아이템즈.

값이 얼마죠?

How much is it?

하우 머치 이즈 잇?

How much?

하우 머치?

좀더 싼 것이 있나요?

Do you have any cheaper one?

두 유 해브 애니 취퍼 원?

Cheaper one?

취퍼 원?

할인된 금액입니까?

Is it discounted?

이즈 잇 디스카운티드?

Discounted?

디스카운티드?

신용(비자)카드로도 계산이 되나요?

Do you accept credit (Visa) card?

두 유 억셉트 크레딧(비자) 카드?

Credit (Visa) card?

크레딧(비자) 카드?

할부로 지불이 가능한가요?

Can I pay by monthly installment?

캔 아이 페이 바이 먼슬리 인스톨먼트?

Monthly installment(down payment)?

먼슬리 인스톨먼트(다운 페이먼트)?

비행기를 탔을 때

몸의 상태가 좋지 않을 때
(When you feel sick in the plane)

비행기 멀미를 해요.
I feel like airsick.
아이 필 라이크 에어씩.
Airsick.
에어씩.

멀미 봉투가 필요해요.
I need airsickness bag.
아이 니드 에어씩니스 백.
Barf bag, please.
바프 백, 플리즈.

독감에 걸렸어요.
I had a bad cold. / Bad cold.
아이 해드 어 배드 콜드. / 배드 콜드.

담요 한 장 더 주시겠어요?
Could I have one more blanket?
쿠드 아이 해브 원 모어 블랭킷?

Blanket, please.
블랭킷, 플리즈.

몸에 미열이 있어요.
I have a slight fever.
아이 해브 어 슬라잇 피버.
Slight fever.
슬라잇 피버.

찬 물수건(얼음) 좀 갖다 주시겠어요?
Could I have a cold towel(ice pack)?
쿠드 아이 해브 어 콜드 타월(아이스 팩)?
Cold towel(ice pack), please.
콜드 타월(아이스 팩), 플리즈.

두통약을 좀 주세요.
Could I get something for a headache?
쿠드 아이 겟 썸씽 포 어 헤데크?
Medicine for a headache?
메디신 포 어 헤데크?

소화제를 좀 주시겠어요?
Could I have a digestive medicine?
쿠드 아이 해브 어 다이제스티브 메디신?
Digestive medicine, please.
다이제스티브 메디신, 플리즈.

비행기를 탔을 때

입국신고서 작성(ED Form)

입국신고서 용지를 주세요.

Would you give me a ED card?

우드 유 기브 미 어 이디 카드?

Give me ED card, please.

기브 미 이디 카드, 플리즈.

입국신고서를 작성해 주세요.

Would you fill in the ED form for me?

우드 유 필 인 디 이디 폼 포 미?

Fill in the ED form, please.

필 인 디 이디 폼, 플리즈.

여기 ED에 필요한 여권이 있으니 보고 쓰세요.

Here is my passport to write down for ED.

히어 이즈 마이 패스포트 투 롸잇 다운 포 이디.

My passport for ED, please.

마이 패스포트 포 이디, 플리즈.

도와 주셔서 감사합니다.

Thank you for your helping. / Thank you.

쌩큐 포 유어 헬핑. / 쌩큐.

도착된 공항에서

도착된 공항에서
(Arrivals at the airport)

■■■ 1. 입국 절차시 유용한 정보(설명)

비행기를 다른 국제선으로 갈아타야 할 때는 TRANSIT 방향으로 나가서 해당 항공사 카운터를 찾아간다. 그 후 다시 수속을 밟는다. 만약 타고 왔던 비행기가 경유지에서 잠시 쉬었다가 다시 출발한다 해도 자기의 개인 소지품들을 갖고 내려야 한다. 경유지에서 비행기를 청소하기 때문이다. 경유지에서 다시 출발하여 목적지에 가야 하는 승객은 TRANSIT 방향으로 가서 다시 발부 받은 Boarding 패스를 갖고 자기 자리를 찾아 앉는다.

국제선에서 국내선 비행기로 갈아탈 경우 입국심사를 마치고 국내선으로 바꿔 탄다.

2. 입국서류 작성

비행기가 착륙하기 전 기내에서 승무원이 나눠준 입국카드(ED card)를 영문으로 기입해 입국심사를 받고 세관 신고서를 작성하여 세관심사를 통과한다. 만약 입국카드를 기입할 줄 모르는 사람은 승무원에게 도움을 요청하여 작성하고, 또는 기내에서 옆사람에게 도움을 요청해도 된다.

3. 입국절차

공항에 도착한 후 다음과 같이 입국심사를 거친다.
* 외국 출입국 신고서와 세관신고서를 작성한다.
* 여권, 귀국 항공권, 출입국 신고서를 제출해 입국심사를 받는다.
* 타고 온 비행기 편명이 적힌 테이블에서 수하물을 찾는다.
* 세관신고서를 세관직원에게 제출해 세관심사를 받는다.

도착된 공항에서
다른 비행기로 갈아탈 때
(Transit passengers)

다른 비행기로 바꿔 타는 카운터는 어디지요?
Where is the transfer counter? / Transfer counter?

훼어 이즈 더 트랜스퍼 카운터? / 트랜스퍼 카운터?

프랑크푸르트에 가고 싶습니다.
I want to fly to Frankfurt. / Frankfurt.

아이 원트 투 플라이 투 프랑크푸르트. / 프랑크푸르트.

여기서 얼마나 체류합니까?
How long will I stay here?

하우 롱 윌 아이 스테이 히어?

How long stay?

하우 롱 스테이?

그냥 바꿔 탈뿐입니다.
I'm just connecting flight.

아임 져스트 코넥팅 플라이트.

Connection flight only.

코넥션 플라이트 온리.

도착한 공항에서

입국심사대에서
(Immigration)

어느 카운터로 가면 될까요?
Which counter should I go to?
윗취 카운터 슈드 아이 고우 투?
Which counter?
윗취 카운터?

여행 목적은 무엇입니까?
What's the purpose of your visit?
홧츠 더 퍼포즈 어브 유어 비지트?
What purpose?
홧 퍼포즈?

관광입니다.
Sightseeing.
사이트씨잉.
Tour.
투어.

사업차 왔습니다.
I have come here on business.

아이 해브 컴 히어 온 비즈니스.

On business.

온 비즈니스.

영어공부 하러 왔습니다.
I'm going to study English.

아임 고잉 투 스터디 잉글리쉬.

To study English.

투 스터디 잉글리쉬.

영국에 며칠 동안 머물 예정입니까?
How long are you going to stay in England?

하우 롱 아 유 고잉 투 스테이 인 잉글랜드?

열흘(한달/6개월) 정도 머물 예정입니다.
For about ten days(a month / six months).

포 어바웃 텐 데이즈(어 먼스 / 씩스 먼즈).

어디서 머물 예정입니까?
Where are you going to stay?

훼어 아 유 고잉 투 스테이?

Where do you stay?

훼어 두 유 스테이?

호텔에 머물 것입니다.
I'm going to stay at a hotel.

아임 고잉 투 스테이 앳 어 호텔.

At a hotel.

앳 어 호텔.

돌아가는 항공권을 갖고 있습니까?
Do you have a return airplane ticket?

두 유 해브 어 리턴 에어플레인 티킷?

Return airplane ticket?

리턴 에어플레인 티킷?

수중에 돈은 얼마나 갖고 있습니까?
How much money do you have with you?

하우 머치 머니 두 유 해브 위드 유?

How much money with you?

하우 머치 머니 위드 유?

1,500파운드(달러)를 갖고 있습니다.
I have fifteen hundred pounds(dollars).

아이 해브 피프틴 헌드러드 파운즈(달러즈).

Fifteen hundred pounds(dollars).

피프틴 헌드러드 파운즈(달러즈).

도착된 공항에서

짐을 찾을 수 없을 때
(When baggage is not found)

짐을 취급하는 곳은 어디지요?

Where is baggage claim area?

훼어 이즈 배기지 클레임 에리어?

Baggage area?

배기지 에리어?

제 가방이 안 나왔는데요?

I couldn't find my baggage.

아이 쿠든 파인드 마이 배기지.

I can't find baggage.

아이 캔트 파인드 배기지.

이것이 제 짐 보관표입니다.

This is my baggage claim tag.

디스 이즈 마이 배기지 클레임 태그.

My baggage claim tag.

마이 배기지 클레임 태그.

제 짐 좀 찾아주세요.
Would you try to find it for me?

우드 유 트라이 투 파인드 잇 포 미?

Find it for me, please.

파인드 잇 포 미, 플리즈.

저것이 제 짐인데요.
That's mine.

댓츠 마인.

Mine here.

마인 히어.

이 짐차를 사용해도 되나요?
Can I use this baggage cart?

캔 아이 유즈 디스 배기지 카트?

Can I use it?

캔 아이 유즈 잇?

도와 주셔서 감사합니다.
Thank you for your helping.

쌩큐 포 유어 헬핑.

Thank you.

쌩큐.

도착된 공항에서

세관통과할 때
(Customs clearance)

신고할 물건이 있습니까?
Do you have anything to declare?
두 유 해브 애니씽 투 디클레어?

Anything to declare?
애니씽 투 디클레어?

비디오 카메라를 신고하려고요.
I'd like to declare a video camera.
아이드 라이크 투 디클레어 어 비디오 캐머러.

Video camera.
비디오 캐머러.

세금을 내야 합니까?
Do I have to pay customs tax?
두 아이 해브 투 페이 커스텀즈 택스?

Customs tax?
커스템즈 택스?

신고할 물건은 이것이 전부입니다.

That's all I declare.

댓츠 올 아이 디클레어.

That's all.

댓츠 올.

이것들은 무엇이지요?

What are these?

홧 아 디즈?

What?

홧?

친구에게 줄 선물인데요.

These are gifts for my friends.

디즈 아 기프츠 포 마이 프렌즈.

For my friends.

포 마이 프렌즈.

신용카드로 지불할 수 있나요?

Can I pay the duty by credit card?

캔 아이 페이 더 듀티 바이 크레딧 카드?

By credit card?

바이 크레딧 카드?

도착된 공항에서

환전(Money exchange)할 때

환전하는 곳이 어디지요?

Where is the money exchange?

훼어 이즈 더 머니 익스체인지?

Where money exchange is?

훼어 머니 익스체인지 이즈?

환전하고 싶은데요.

Could you change some money for me?

쿠드 유 체인지 썸 머니 포 미?

Exchange, please.

익스체인지, 플리즈.

오늘 환율이 어떻게 되나요?

What's the exchange rate today? / Exchange rate?

홧츠 더 익스체인지 레이트 투데이? / 익스체인지 레이트?

200달러만 환전해 주세요.

I'd like to change $200(pounds).

아이드 라이크 투 체인지 투 헌드러드 달러즈(파운즈).

Change $200(pounds), please.

체인지 투 헌드러드 달러즈(파운드), 플리즈.

67

여행자 수표를 현금으로 바꿔 주세요.

Please cash this traveler's checks. / Cash T/C.
플리즈 캐쉬 디스 트래블러스 첵스. / 캐쉬 티시.

10달러짜리 4장과 나머지는 1달러짜리로 주세요.

I'd like four $10, and the rest in $1 bills.
아이드 라이크 포어 텐스, 앤 더 레스트 인 원 달러 빌즈.
4 tens, rest one dollar bills.
포어 텐스, 레스트 원 달러 빌즈.

동전도 필요해요.

I'd like some small change.
아이드 라이크 썸 스몰 체인지.
Some change, please.
썸 체인지, 플리즈.

환전 수수료는 얼마죠?

What's the exchange commission?
홧츠 더 익스체인지 커미션?
Exchange fee?
익스체인지 피?

주말에도 환전이 가능한가요?

Could I change on the weekends, too?
쿠드 아이 체인지 온 더 위켄즈, 투?
Weekends change?
위켄즈 체인지?

도착된 공항에서

공항에서 목적지까지 가는 방법
(From airport to hotel)

공항에 관광 안내서가 있나요?
Is there a tourist information in the airport?
이즈 데어 어 투어리스트 인포메이션 인 디 에어포트?
Tourist office, where?
투어리스트 오피스, 훼어?

시내 지도와 관광 안내서를 얻을 수 있나요?
May I have a city map and a tourist brochure?
메이 아이 해브 어 시티 맵 앤 어 투어리스트 브로슈어?
A city map and a tourist guide, please.
어 시티 맵 앤 투어리스트 가이드, 플리즈.

시내까지 가는 교통편은 어떻게 되나요?
Could you tell me about transportation to the city center?
쿠드 유 텔 미 어바웃 트랜스퍼테이션 투 더 시티 센터?
Transportation to the city center?
트랜스퍼테이션 투 더 시티 센터?

시내로 가는 버스 정류장은 어디지요?
Where is the bus stop for the city center?
훼어 이즈 더 버스 스탑 포 더 씨티 센터?
Where is bus stop?
훼어 이즈 버스 스탑?

버스 요금은 얼마죠?
How much is the bus fare?
하우 머치 이즈 더 버스 페어?
Bus fare, how much?
버스 페어, 하우 머치?

여기에서 호텔 예약을 할 수 있나요?
Can I make reservation for a hotel here?
캔 아이 메이크 레저베이션 포 어 호텔 히어?
Reservation for a hotel?
레저베이션 포 어 호텔?

도심까지 얼마나 걸립니까?
How long does it take to get to the city center?
하우 롱 더즈 잇 테이크 투 겟 투 더 씨티 센터?
How long to the city center?
하우 롱 투 더 씨티 센터?

이 버스는 뉴욕에 갑니까?

Is this the right bus to New York?

이즈 디스 더 롸잇 버스 투 뉴욕?

Bus to New York?

버스 투 뉴욕?

뉴욕에 도착하면 말씀해 주세요.

When we get to New York, could you let me know?

웬 위 겟 투 뉴욕, 쿠드 유 렛 미 노우?

Get to New York, tell me.

겟 투 뉴욕, 텔 미.

맨해튼까지 택시 요금은 얼마나 되나요?

How much dose it cost to go to Manhattan by Taxi?

하우 머치 더즈 잇 코스트 투 고우 투 맨해턴 바이 택시?

Taxi to Manhattan, how much?

택시 투 맨해턴, 하우 머치?

짐을 트렁크에 실어 주세요.

Please put my baggage in the trunk.

플리즈 풋 마이 배기지 인 더 트렁크.

Baggage in trunk.

배기지 인 트렁크.

숙소에서

숙소에서(In hotel)

1. 호텔이나 그 밖의 정보

잠옷차림이나 슬리퍼를 신고 객실 밖으로 나가는 것은 예의에 어긋난 행동이며, 식당이나 로비 그리고 엘리베이터 등 호텔 안에서 모자를 쓰는 것도 예의가 아니다.

큰소리로 상대방을 부르는 것도 삼가야 한다. 팁은 숙박요금의 5~10% 정도를 베개 밑에 넣어 두거나 룸 담당자에게 직접 주는 것도 좋다.

호텔에서 수신자 부담의 국제전화를 이용할 경우, 사용법을 알아야 한다.

외부번호를 누르고 국제전화와 접속코드(나라마다 고유번호가 있음. 우리나라는 82) 그리고 지역번호(앞의 0을 뺀 번호. 서울은 2), 집 전화번호 순으로 누른다. 전화비용이 비싼 것이 단점이다.

호텔방에서 샤워를 할 때는 샤워 커튼을 꼭 쳐서 물이 욕조 밖으로 흐르지 않게 해야 한다. 잘못해서 물이 새어서 객실 카펫이 젖으면 배상을 해야 한다.

숙소에서

내게 맞는 숙소 정하기
(Looking for hotels)

호텔에 관한 안내 책자를 얻을 수 있나요?

Do you have a hotel guide?

두 유 해브 어 호텔 가이드?

Hotel guide book.

호텔 가이드 북.

여기 머물 만한 기숙사나 유스 호스텔이 있나요?

Is there any accomodations or youth hostel here?

이즈 데어 애니 어코모데이션즈 오어 유스 호스텔 히어?

Any accomodations or youth hostel, where?

애니 어코모데이션즈 오어 유스 호스텔, 훼어?

값싸고 좋은 호텔을 추천해 주세요.

Could you recommend a good but less expensive hotel?

쿠드 유 레커멘드 어 굳 벗 레스 엑스펜시브 호텔?

Where cheap hotel is?

훼어 칩 호텔 이즈?

그 호텔은 여기서 어떻게 가지요?
How can I get to the hotel?
하우 캔 아이 겟 투 더 호텔?
How to go hotel?
하우 투 고우 호텔?

숙박비는 얼마죠?
What's the room rate?
홧츠 더 룸 레이트?
How much a day?
하우 머치 어 데이?

좀 더 싼 곳은 없나요?
Do you have any cheaper place?
두 유 해브 애니 치퍼 플레이스?
Any cheaper place?
애니 치퍼 플레이스?

배낭여행자들이 잘 가는 숙박 업소가 있나요?
Are there any accommodation for backpackers?
아 데어 애니 어코모데이션 포 백패커즈?
Backpacker place?
백패커 플레이스?

숙소에서

호텔 예약 및 체크인할 때
(Reservations)

한국어를 하시는 분이 있나요?

Is there anyone who speaks Korean?

이즈 데어 애니원 후 스픽스 코리언?

Anyone who speaks Korean?

애니원 후 스픽스 코리언?

예약했어요.

I have a reservation.

아이 해브 어 레저베이션.

Have reservation.

해브 레저베이션.

예약을 안 했어요.

I don't have a reservation.

아이 돈 해브 어 레저베이션.

No reservation.

노 레저베이션.

제 이름은 홍길동입니다.

My name is Gil-dong Hong.

마이 네임 이즈 길동 홍.

Gil-dong Hong.

길동 홍.

오늘 밤 묵을 방이 있나요?

Do you have a room for tonight?

두 유 해브 어 룸 포 투나잇?

Room for tonight?

룸 포 투나잇?

방을 볼 수 있나요?

May I see the room?

메이 아이 씨 더 룸?

See the room, please?

씨 더 룸, 플리즈.

이 방으로 주세요.

I'll take this room.

아윌 테이크 디스 룸.

This room, please.

디스 룸, 플리즈.

하룻밤 묵는데 얼마죠?

How much is it a night?

하우 머치 이즈 잇 어 나이트?

How much per night?

하우 머치 퍼 나이트?

신용카드로 계산할 수 있나요?

Do you accept credit card?

두 유 억셉트 크레딧 카드?

Accept credit card?

억셉트 크레딧 카드?

지금 체크인 할 수 있나요?

Can I check-in now?

캔 아이 체크인 나우?

Check-in now?

체크인 나우?

이 카드 키는 어떻게 사용하나요?

How can I use this card key?

하우 캔 아이 유즈 디스 카드 키?

How to use key?

하우 투 유즈 키?

짐을 방까지 옮겨 주세요.

Could you bring my baggage to my room?

쿠드 유 브링 마이 배기지 투 마이 룸?

Bags to my room.

백스 투 마이 룸.

2인실로 부탁합니다.

I'd like a twin room.

아이드 라이크 어 트윈 룸.

Twin room, please.

트윈 룸, 플리즈.

어떤 방이지요?

What is the room like?

홧 이즈 더 룸 라이크?

How room like?

하우 룸 라이크?

전망이 좋은 방으로 주세요.

I'd like a room with a nice view.

아이드 라이크 어 룸 위드 어 나이스 뷰.

Room with view.

룸 위드 뷰.

더블 룸 트윈 베드로 주세요.

A double room with twin beds, please.

어 더블 룸 위드 트윈 베즈, 플리즈.

Double room, twin beds.

더블 룸, 트윈 베즈.

아침 식사까지 포함되어 있나요?

Does the price include breakfast?
더즈 더 프라이스 인클루드 브렉퍼스트?
Breakfast included?
브렉퍼스트 인클루디드?

세금과 서비스 요금도 포함된 가격입니까?

Does that include tax and service charge?
더즈 댓 인클루드 택스 앤 서비스 챠지?
Tax and service charge included?
택스 앤 서비스 챠지 인클루디드?

이틀 정도 묵을 겁니다.

I'll stay for two nights
아윌 스테이 포 투 나잇츠.
Two nights.
투 나잇츠.

하루 더 묵을 수 있나요?

Can I stay one more night?
캔 아이 스테이 원 모어 나이트?
One more night possible?
원 모어 나이트 파써블?

숙소에서

필요한 것이 있을 때 룸 서비스 받는 요령
(Room service in hotel)

여기 204호실인데요.
This is room 204.
디스 이즈 룸 투오포.
Room 204.
룸 투오포.

한국으로 수신자 부담 전화를 걸고 싶은데요.
I'd like to make a collect call to Korea.
아이드 라이크 투 메이크 어 콜렉트 콜 투 코리어.
A collect call to Korea.
어 콜렉트 콜 투 코리어.

뜨거운 물이 안 나와요.
There is no hot water.
데어 이즈 노우 핫 워터.
No hot water.
노우 핫 워터.

화장실 물이 내려가지 않아요.

The toilet doesn't flush.

더 토일렛 더즌트 플러쉬.

Toilet is not flushing.

토일렛 이즈 낫 플러싱.

에어컨이 제 기능을 못 해요.

The air-conditioner doesn't work.

디 에어컨디셔너 더즌트 워크.

Air-conditioner is out of order.

에어컨디셔너 이즈 아웃 어브 오더.

다른 방으로 바꿀 수 있나요?

Can I change to another room?

캔 아이 체인지 투 어나더 룸?

Another room, please.

어나더 룸, 플리즈.

전화로 내일 아침 6시에 깨워 주세요.

Please, wake me up at six(6) tomorrow morning.

플리즈, 웨익 미 업 앳 씩스 투모로우 모닝.

6 a.m. wake-up call, please.

씩스 에이엠 웨이컵 콜, 플리즈.

아침 식사는 몇 시부터 시작하나요?

What time does breakfast start?

왓 타임 더즈 브렉퍼스트 스타트?

When breakfast?

휀 브렉퍼스트?

옆방이 너무 시끄러워 잠을 잘 수가 없어요.

I can't sleep because the room next door is too noisy.

아이 캔트 슬립 비커스 더 룸 넥스트 도어 이즈 투 노이지.

Next room is too noisy.

넥스트 룸 이즈 투 노이지.

방을 청소해 주세요.

Could you clean my room?

쿠드 유 클린 마이 룸?

Clean my room, please.

클린 마이 룸, 플리즈.

사우나를 무료로 이용할 수 있나요?

Can I use the Sauna for free?

캔 아이 유즈 더 사우나 포 프리?

Is the Sauna free?

이즈 더 사우나 프리?

숙소에서

호텔 편의 시설 이용하기
(Front desk)

열쇠를 맡길게요.

I'll leave the key here.

아윌 리브 더 키 히어

Leave key here.

리브 키 히어.

502호 열쇠를 주세요.

Would you give me the key to room number 502?

우드 유 기브 미 더 키 투 룸 넘버 파이브오투?

Room 502, please.

룸 파이브오투, 플리즈.

제 앞으로 연락온 것이 없나요?

Do you have any messages for me?

두 유 해브 애니 메써지즈 포 미?

Any messages?

애니 메써지즈?

식당이 어디에 있나요?

Where is the dining room?

훼어 이즈 더 다이닝 룸?

Dining room, where?

다이닝 룸, 훼어?

시내 관광이 있나요?

Is there any city tour?

이즈 데어 애니 씨티 투어?

Any city tour?

애니 씨티 투어?

여기에서 관광버스 티켓을 취급하고 있나요?

Could I get a ticket for the sightseeing bus here?

쿠드 아이 겟 어 티킷 포 더 싸이트씽 버스 히어?

Ticket for sightseeing bus?

티킷 포 싸이트씽 버스?

비용이 얼마죠?

How much does it cost?

하우 머치 더즈 잇 코스트?

How much?

하우 머치?

시간은 얼마나 걸리지요?

How long does it take?
하우 롱 더즈 잇 테이크?
How long?
하우 롱?

이 부근 관광 안내지도를 얻을 수 있나요?

Can I get a city map?
캔 아이 겟 어 씨티 맵?
City map?
씨티 맵?

숙소에서

체크아웃할 때
(Check-out)

지금 체크아웃을 하고 싶어요.
I'd like to check out now.
아이드 라이크 투 체크아웃 나우.
Check out now.
체크아웃 나우.

신용카드로 계산이 가능합니까?
Do you take credit card? / Credit card?
두 유 테이크 크레딧 카드? / 크레딧 카드?

계산이 틀린 것 같은데요.
I think the check is incorrect.
아이 씽크 더 체크 이즈 인코렉트.
Check incorrect.
체크 인코렉트.

이것은 무슨 가격이지요?
What is this charge for? / What for?
왓 이즈 디스 챠지 포? / 왓 포?

89

여행자 수표로도 계산이 가능한가요?

Can I pay with traveler's checks?

캔 아이 페이 위드 트래블러즈 첵스?

Traveler's checks?

트래블러즈 첵스?

영수증을 주세요.

May I have a receipt, please?

메이 아이 해브 어 리씨트, 플리즈?

Receipt, please.

리씨트, 플리즈.

제 짐을 택시에 실어 주세요.

Please carry my luggage to the taxi.

플리즈 캐리 마이 러기지 투 더 택시.

Carry luggage to taxi.

캐리 러기지 투 택시.

도와 주셔서 감사합니다.

Thank you for your helping.

쌩큐 포 유어 헬핑.

Thank you.

쌩큐.

식당에서

식당에서

맛있는 음식점 찾기
(Looking for restaurants)

맛있는 해물요리 전문식당이 어디 있지요?

Where is a nice seafood restaurant?

훼어 이즈 어 나이스 씨푸드 레스터런트?

Where nice seafood restaurant is?

훼어 나이스 씨푸드 레스터런트 이즈?

이 고장의 특별 요리는 뭐지요?

What's the speciality of the town?

홧츠 더 스페셜리티 어브 더 타운?

Special dish, what?

스페셜 디쉬, 홧?

어디 가면 먹을 수 있나요?

Where can I eat?

훼어 캔 아이 잇?

Where to eat?

훼어 투 잇?

예약이 필요한 곳인가요?

Do I need a reservation?
  두 아이 니드 어 레저베이션?
Need reservation?
  니드 레저베이션?

어떻게 찾아가면 되지요?

How do I get there?
  하우 두 아이 겟 데어?
How to go there?
  하우 투 고우 데어?

이 근처에 비싸지 않고 맛있는 식당을 추천해 주시겠어요?

Do you recommend a good restaurant with reasonable price near here?
  두 유 레커멘드 어 굳 레스터런트 위드 리즈너블 프라이스 니어 히어?
Any good cheap restaurant near?
  애니 굳 칩 레스터런트 니어?

여기에서 꼭 먹어보아야 할 음식이 무엇이지요?

What dishes should I try here?
  홧 디쉬즈 슈드 아이 트라이 히어?
What to eat?
  홧 투 잇?

오늘 저녁 식사를 예약하고 싶습니다.

I'd like to make a reservation for tomorrow evening.

아이드 라이크 투 메이크 어 레저베이션 포 투모로우 이브닝.

Dinner reservation tomorrow evening.

디너 레저베이션 투모로우 이브닝.

7시쯤 가능한가요?

Is 7 o'clock available?

이즈 쎄븐 어클락 어베일러블?

7 p.m. ok?

쎄븐 피엠 오케이?

3명 예약하고 싶은데요.

I'd like to reserve a table for three.

아이드 라이크 투 레저브 어 테이블 포 쓰리.

Three, please.

쓰리, 플리즈.

금연석으로 부탁합니다.

Could I have a table in non-smoking area?

쿠드 아이 해브 어 테이블 인 넌 스모킹 에리어?

Non-smoking area, please.

넌 스모킹 에리어, 플리즈.

예약을 취소하고 싶은데요.
I'd like to cancel the reservation.
아이드 라이크 투 캔슬 더 레저베이션.
Cancel reservation, please.
캔슬 레저베이션, 플리즈.

창가쪽 자리를 예약했습니다.
I've reserved a table by the window.
아이브 리저브드 어 테이블 바이 더 윈도우.
Reserved by the window.
리저브드 바이 더 윈도우.

정장을 입어야 하나요?
Should I be formally dressed?
슈드 아이 비 포멀리 드레스드?
Formally dressed?
포멀리 드레스드?

메뉴판을 부탁합니다.
May I have the menu, please?
메이 아이 해브 더 메뉴, 플리즈?
Menu, please..
메뉴, 플리즈.

조금 있다 주문하겠어요.
I'll order in a few minutes.
아윌 오더 인 어 퓨 미닛츠.
Later, please.
레이터, 플리즈.

오늘의 특별요리는 무엇이지요?
Is there any special menu for today?
이즈 데어 애니 스페셜 메뉴 포 투데이?
What's special today?
홧츠 스페셜 투데이?

이 요리는 재료가 무엇이지요?
what's made of this meal?
홧츠 메이드 어브 디스 밀?
What's this made of?
홧츠 디스 메이드 어브?

여기 주문 받으세요.
May I order. / Order, please.
메이 아이 오더. / 오더, 플리즈.

저 여자 손님이 드시는 요리는 무엇이지요?
What's the dish she's having?
홧츠 더 디쉬 쉬즈 해빙?
What dish is that?
홧 디쉬 이즈 댓?

같은 음식으로 주세요.
I'll take the same.
  아윌 테이크 더 쎄임.
The same, please.
  더 쎄임, 플리즈.

여기에서 대중적인 음식이 무엇이지요?
What's a very popular dish here?
  홧츠 어 베리 팝퓰라 디쉬 히어?
what's popular dish?
  홧츠 팝퓰라 디쉬?

오렌지 주스 한 잔 주세요.
Would you give me a glass of orange juice?
  우드 유 기브 미 어 글래스 어브 오렌지 쥬스?
Orange juice, please.
  오렌지 쥬스, 플리즈.

디저트는 무엇이지요?
What desserts do you have?
  홧 디저츠 두 유 해브?
What desserts?
  홧 디저츠?

식당에서

음식점에서 웨이터의 도움이 필요한 경우
(Asking the waiter)

먹는 법을 가르쳐 주세요.
How do you eat this? / How to eat?

하우 두 유 잇 디스? / 하우 투 잇?

포크를 새로 가져다 주세요.
Would you bring me another fork?

우드 유 브링 미 어나더 포크?

Another fork, please.

어나더 포크, 플리즈.

이 음식 맛이 좀 다른데요.
This taste is something different.

디스 테이스트 이즈 썸씽 디퍼런트.

Something different taste.

썸씽 디퍼런트 테이스트.

주문을 다른 것으로 바꿔도 되나요?
Could I change my order?

쿠드 아이 체인지 마이 오더?

Change order, please.

체인지 오더, 플리즈.

제가 주문한 것이 아닌데요.

This is not what I ordered.

디스 이즈 낫 왓 아이 오더드.

Not what I ordered.

낫 왓 아이 오더드.

음식에 이상한 것이 들어 있는데요.

There is something strange in this dish.

데어 이즈 썸씽 스트레인지 인 디스 디쉬.

Strange dish.

스트레인지 디쉬.

물 한 컵 주세요.

Can I have more water?

캔 아이 해브 모어 워터?

Water, please.

워터, 플리즈.

디저트는 무엇이지요?

What do you have for dessert?

왓 두 유 해브 포 디저트?

What dessert?

왓 디저트?

식당에서

음식값 지불하기
(Bills)

음식이 맛이 있어요.
The taste was good.
더 테이스트 워즈 굿.
Wonderful taste.
원더풀 테이스트.

계산서를 부탁합니다.
May I have the bill, please?
메이 아이 해브 더 빌, 플리즈?
Bill please.
빌 플리즈.

따로따로 계산해 주세요.
We want to pay separately.
위 원 투 페이 세퍼레이틀리.
Separate bill, please.
세퍼레이트 빌, 플리즈.

전부 얼마죠?

How much is the total?
하우 머치 이즈 더 토털?
All, how much?
올, 하우 머치?

이 항목은 주문하지 않았는데요.

I didn't order this.
아이 디든트 오더 디스.
Not ordered.
낫 오더드.

현금으로 계산할게요.

I'll pay by cash.
아윌 페이 바이 캐쉬.
Cash, please.
캐쉬, 플리즈.

거스름돈은 가지세요.

You can keep the change.
유 캔 킵 더 체인지.
Keep change.
킵 체인지.

식당에서

술 한잔 하기
(Drinks)

여기 간단하게 술 한잔 하는 곳이 있나요?
Are there any bars around here?

  아 데어 애니 바즈 어라운드 히어?

Any bars in this area?

  애니 바즈 인 디스 에리어?

가볍게 마시는 것으로 뭐가 있지요?
What kind of light drinks would you recommend?

  홧 카인드 어브 라이트 드링크즈 우드 유 레커멘드?

What light drinks recommend?

  홧 라이트 드링크스 레커멘드?

술 두 잔 갖다 주세요.
Could you bring me two glasses of wine?

  쿠드 유 브링 미 투 글래지즈 어브 와인?

Two glasses of wine, please.

  투 글래지즈 어브 와인, 플리즈.

103

맥주가 있나요?
Do you have beers?
두 유 해브 비어즈?
Beer, please.
비어, 플리즈.

핑크레이디(여성음료) 한 잔 갖다 주세요.
Could you bring me a glass of pinklady?
쿠드 유 브링 미 어 글래스 어브 핑크레이디?
Pinklady, please.
핑크레이디, 플리즈.

이 지방의 포도주를 마시고 싶은데요.
I'd like some local wine.
아이드 라이크 썸 로컬 와인.
Local wine, please.
로컬 와인, 플리즈.

포도주를 잔으로 주문할 수 있나요?
May I order wine by the glass?
메이 아이 오더 와인 바이 더 글래스?
A glass of wine, please.
어 글래스 어브 와인, 플리즈.

식당에서

차 한잔 마시기
(Coffee shop)

분위기 좋은 커피숍이 어디 있지요?

Where is a nice coffee shop?

훼어 이즈 어 나이스 커피 샵?

Where nice coffee shop is?

훼어 나이스 커피 샵 이즈?

이 자리가 비어 있나요?

Is this seat taken? / Seat taken?

이즈 디스 씨트 테이큰? / 씨트 테이큰?

커피만 마셔도 되나요?

Can I have just coffee here?

캔 아이 해브 져스트 커피 히어?

Just coffee here?

져스트 커피 히어?

아이스커피 있나요?

Do you have iced coffee?

두 유 해브 아이스드 커피?

105

Any iced coffee?
애니 아이스드 커피?

크림 좀 더 주시겠어요.
Could I have more cream, please?
쿠드 아이 해브 모어 크림, 플리즈?
More cream, please.
모어 크림, 플리즈.

이것은 어떤 것이지요?
What's this like?
홧츠 디스 라이크?
What's this?
홧츠 디스?

원하면 더 주나요?
May I have a refill?
메이 아이 해브 어 리필?
Refill, please.
리필, 플리즈.

전통 차가 있나요?
Do you have a traditional tea?
두 유 해브 어 트레디셔널 티?
Have a traditional tea?
해브 어 트레디셔널 티?

식당에서

테이크아웃점 이용하기
(Takeout)

생선과 칩, 오렌지 주스를 주세요.
I'd like fish and chips and orange juice.
아이드 라이크 피쉬 앤 칩스 앤 오렌지 쥬스.
Fish and chips, and orange juice, please.
피쉬 앤 칩스, 앤 오렌지 쥬스, 플리즈.

얼마죠?
How much is it? / How much?
하우 머치 이즈 잇? / 하우 머치?

거스름돈이 틀리군요.
You gave me wrong change. / Wrong change.
유 게이브 미 롱 체인지. / 롱 체인지.

이 근처에 앉아서 먹을 만한 곳이 있나요?
Is there any place to sit and eat something?
이즈 데어 애니 플레이스 투 씻 앤 잇 썸씽?
Where to sit and eat?
훼어 투 씻 앤 잇?

식당에서

패스트푸드점 이용하기
(Fast-food restaurant)

선불입니까?
Shall I pay first?
샬 아이 페이 퍼스트?
Pay first?
페이 퍼스트?

햄버거와 콜라 작은 것을 주세요.
I'd like a hamburger and one small coke.
아이드 라이크 어 햄버거 앤 원 스몰 콕.
A hamburger and a small coke.
어 햄버거 앤 어 스몰 콕.

가지고 갈 거예요.
I'll take them away.
아윌 테이크 뎀 어웨이.
To go.
투 고우.

여기서 먹어도 되나요?

Can I eat in the shop?
> 캔 아이 잇 인 더 샵?

Eat here?
> 잇 히어?

빨대가 어디 있지요?

Where is the straw?
> 훼어 이즈 더 스트로?

Straw, please.
> 스트로, 플리즈.

이 자리에 앉아도 되나요?

May I take this seat?
> 메이 아이 테이크 디스 씨트?

This seat?
> 디스 씨트?

관광안내소가 곳곳에 있는 곳도 있고, 그렇지 못한 곳도 있다.

여행에 필요한 정보, 지도, 역사와 문화, 명소들의 위치와 가는 방법이 자세히 기록된 책자들도 많이 있다. 돈을 주고 사야 하는 것도 있고, 무료로 얻는 것도 있다.

관광안내소에 들린 사람들 중에는 내가 가야 할 곳에 이미 다녀 온 여행자도 있다. 그러므로 서로 이야기를 나누면 책에 실린 내용 이상의 알찬 정보를 얻을 수 있고 저렴하고 유익한 여행을 할 수 있다.

거리에서

관광안내소 이용하기
(Tourist information)

관광안내소가 어디 있나요?
Where is a tourist information center?
훼어 이즈 어 투어리스트 인포메이션 센터?
Tourist information center?
투어리스트 인포메이션 센터?

관광 안내 책자를 얻을 수 있나요?
May I have a tour brochure?
메이 아이 해브 어 투어 브로슈어?
A brochure, please.
어 브로슈어, 플리즈.

이곳에서 유명한 관광지는 어디지요?
What's the popular tourist sight?
홧츠 더 팝퓰라 투어리스트 싸이트?
Popular tourist sight, where?
팝퓰라 투어리스트 싸이트, 훼어?

113

기념이 되는 가볼 만한 곳을 추천해 주세요.

Would you recommend me some interesting place to see?
  우드 유 레커멘드 미 썸 인터레스팅 플레이스 투 씨?
Where is interesting place to see?
  훼어 이즈 인터레스팅 플레이스 투 씨?

이 지도에 표시를 해주시겠어요?

Will you mark it on my map?
  윌 유 마크 잇 온 마이 맵?
Mark on map?
  마크 온 맵?

시내 관광 투어가 있나요?

Is there a city tour?
  이즈 데어 어 씨티 투어?
City tour?
  씨티 투어?

교통편은 어느 것을 이용하는 것이 편리하지요?

Which transportation is better?
  휫치 트랜스퍼테이션 이즈 베터?
Which transportation?
  휫치 트랜스퍼테이션?

어디에 있는지 모를 때
(Getting somewhere)

내가 있는 곳의 위치를 모를 때는 지나가는 사람이나 주위 상점에 들어가서 어디인지를 물어 본다. 이때 가려고 하는 곳과 얼마나 떨어져 있으며, 걸어서 갈 수 있는지 혹은 버스나 기차를 타고 가야 하는지를 물어본다.

경찰서, 관공서, 학교, 기타 건물을 잘 기억해 두는 방법도 길을 잃어 버렸을 때 찾는 방법 중의 하나이며, 호텔 명함을 얻어서 갖고 다니거나, 머물고 있는 곳의 주소를 적어 가방에 넣어 다니는 것도 좋은 방법이다.

거리에서

길을 잃었을 때
(Lost)

길을 잃었어요.
Excuse me, I'm lost.
익스큐즈 미, 아임 로스트.
Lost.
로스트.

여기가 어디지요?
Where am I now?
훼어 엠 아이 나우?
Where now?
훼어 나우?

에펠탑으로 가고 싶은데요?
I want to go to the Eiffel Tower?
아이 원 투 고우 투 디 에펠 타워?
Eiffel Tower?
에펠 타워?

그 곳에 걸어 갈 수 있나요?

Can I walk there?

캔 아이 워크 데어?

Walk there?

워크 데어?

얼마나 먼가요?

How far from here?

하우 파 프롬 히어?

How far?

하우 파?

이 지도에서 이 곳이 어디쯤 되지요?

Would you show me where I am on this map?

우드 유 쇼우 미 훼어 아이 엠 온 디스 맵?

Where am I?

훼어 엠 아이?

가는 방법을 모를 때
(Asking directions)

가야 할 방법을 모를 때에 가장 편리한 방법은 택시를 타고 운전기사에게 목적지에 데려다 달라고 주소를 보여주며 부탁하는 방법이다. 만약 멀지 않은 거리라면 걷는 것도 괜찮다. 거의 모든 곳에 표지판이 설치되어 있다.

거리에서

가는 방법을 모를 때
(Asking directions)

실례지만, 길을 물어 봐도 될까요?

Excuse me, could you show me the way?
  익스큐즈 미, 쿠드 유 쇼우 미 더 웨이?

Show me the way?
  쇼우 미 더 웨이?

웨스트민스터 성당을 찾고 있어요?

I'm looking for Westminster Cathedral?
  아임 룩킹 포 웨스트민스터 캐테드럴?

Westminster Cathedral?
  웨스트민스터 캐테드럴?

그 곳에 걸어서 갈 수 있나요?

Can I walk there?
  캔 아이 워크 데어?

On foot, there?
  온 풋, 데어?

119

이 곳에서 그 곳까지 걸어서 얼마나 걸리지요?

How long does it take to walk from here to there?

하우 롱 더즈 잇 테이크 투 워크 프롬 히어 투 데어?

How long?

하우 롱?

표지판이 있나요?

Is there anything I can follow as a sign?

이즈 데어 애니씽 아이 캔 팔로우 애즈 어 싸인?

Is there a sign?

이즈 데어 어 싸인?

이쪽 방향입니까?

Is it in this direction?

이즈 잇 인 디스 디렉션?

This direction?

디스 디렉션?

곧장 가나요?

Is it straight ahead?

이즈 잇 스트레이트 어헤드?

Straight ahead?

스트레이트 어헤드?

대중교통 이용하기

대중교통 이용하기
버스(Bus)를 탈 때

이 근처에 버스 정류장이 있나요?
Is there a bus stop around here?
이즈 데어 어 버스 스탑 어라운드 히어?
Bus stop?
버스 스탑?

에펠탑으로 가는 버스인가요?
Does bus go to the Eiffel Tower?
더즈 버스 고우 투 디 에펠 타워?
Bus to Eiffel Tower?
버스 투 에펠 타워?

버스 시간표가 있나요?
Do you have a bus schedule?
두 유 해브 어 버스 스케쥴?
Bus schedule?
버스 스케쥴?

버스 노선 안내서를 주시겠어요?

Could you give me a bus route map?

쿠드 유 기브 미 어 버스 루트 맵?

Give me a bus route map, please.

기브 미 어 버스 루트 맵, 플리즈.

어디서 버스를 갈아타야 하지요?

Where should I transfer buses?

훼어 슈드 아이 트랜스퍼 버시즈?

Transfer bus, where?

트랜스퍼 버스, 훼어?

에펠탑까지 요금이 얼마죠?

How much is the fare to the Eiffel Tower?

하우 머치 이즈 더 페어 투 디 에펠 타워?

How much?

하우 머치?

에펠탑까지 가는 표 한 장 주세요.

Give me one ticket for Eiffel Tower.

기브 미 원 티킷 포 에펠 타워.

One for Eiffel Tower, please.

원 포 에펠 타워, 플리즈.

그 곳에 도착하면 가르쳐 주세요?

Will you let me know when I arrive there?

윌 유 렛 미 노우 훼 아이 어라이브 데어?

Please tell me when, Eiffel Tower.

플리즈 텔 미 훼, 에펠 타워.

마지막 버스는 몇 시에 있습니까?

What time does the last bus leave?

홧 타임 더즈 더 라스트 버스 리브?

When is the last bus?

훼 이즈 더 라스트 버스?

에펠탑까지 몇 정거장 가야 하나요?

How many stops left to go to the Eiffel Tower?

하우 매니 스탑스 레프트 투 고우 투 디에펠 타워?

How many stops to the Eiffel Tower?

하우 매니 스탑스 투 디 에펠 타워?

여기서 내리겠어요.

I'll get off here!

아윌 겟 어프 히어!

Get off here!

겟 어프 히어!

대중교통 이용하기

택시(Taxi)를 탈 때

택시 정류장은 어디 있지요?

Where is the taxi stand?

훼어 이즈 더 택시 스탠드?

Where taxi stand is?

훼어 택시 스탠드 이즈?

택시를 불러주세요.

Will you get me a taxi? / A taxi, please.

윌 유 겟 미 어 택시? / 어 택시, 플리즈.

이 주소로 데려다 주세요.

Take me to this address, please.

테이크 미 투 디스 어드레스, 플리즈.

This address, please.

디스 어드레스, 플리즈.

공항까지 얼마 정도 되나요?

How much will it cost to the airport?

하우 머치 윌 잇 코스트 투 디 에어포트?

How much to the airport?

하우 머치 투 디 에어포트?

공항까지 얼마나 걸리지요?

How long does it take to the airport?

하우 롱 더즈 잇 테이크 투 디 에어포트?

How long to the airport?

하우 롱 투 디 에어포트?

빨리 좀 가 주시겠어요?

Would you step on it, please? / Hurry up, please.

우드 유 스텝 온 잇, 플리즈? / 허리 업, 플리즈.

우체국까지 왕복해 주시겠어요?

Will you take me to the post office and bring me back?

윌 유 테이크 미 투 더 포스트 오피스 앤 브링 미 백?

Take me to the post office and back.

테이크 미 투 더 포스트 오피스 앤 백.

여기서 잠깐만 기다려 주시겠어요?

Will you wait here for a while? / Wait a minute.

윌 유 웨이트 히어 포 어 와일? / 웨이트 어 미닛.

거스름돈은 가지세요.

You keep the change. / Keep the change.

유 킵 더 체인지. / 킵 더 체인지.

대중교통 이용하기

기차(Train)를 탈 때

기차역이 어디 있나요?

Where is the train station?

훼어 이즈 더 트레인 스테이션?

Where train station is?

훼어 트레인 스테이션 이즈?

케임브리지행 표는 어디에서 사지요?

Where can I buy a ticket for Cambridge?

웨어 캔 아이 바이 어 티킷 포 케임브릿지?

Where buy ticket to Cambridge?

훼어 바이 티킷 투 케임브릿지?

당일로 돌아올 수 있나요?

Can I go and return in a day?

캔 아이 고우 앤 리턴 인 어 데이?

Go and return in a day?

고우 앤 리턴 인 어 데이?

돌아오는 기차는 몇 시에 있나요?

What time trains can I take to come back?

홧 타임 트레인스 캔 아이 테이크 투 컴 백?

Come back train, what time?

컴 백 트레인, 홧 타임?

열차 시각표를 얻을 수 있나요?

May I have a time table for train?

메이 아이 해브 어 타임 테이블 포 트레인?

Train time table, please.

트레인 타임 테이블, 플리즈.

리버풀과 체스터를 가는데 가장 싼 방법을 아시나요?

Do you know the cheapest way for going to Liverpool and Chester?

두 유 노우 더 칩피스트 웨이 포 고잉 투 리버풀 앤 체스터?

The cheapest way to go to Liverpool and Chester?

더 칩피스트 웨이 투 고우 투 리버풀 앤 체스터?

학생 할인표는 어디서 구입할 수 있나요?

Where can I get a discount ticket for students?

훼어 캔 아이 겟 어 디스카운트 티킷 포 스튜던츠?

Where discounted ticket for students?

훼어 디스카운티드 티킷 포 스튜던츠?

케임브리지까지 얼마죠?

How much is it to Cambridge?
하우 머치 이즈 잇 투 케임브릿지?
How much to Cambridge?
하우 머치 투 케임브릿지?

케임브리지행 2등 칸 왕복표를 주세요.

Give me a second class round trip ticket to Cambridge, please.
기브 미 어 세컨드 클래스 라운드 트립 티킷 투 케임브릿지, 플리즈.
A second class round trip ticket to Cambridge, please.
어 세컨드 클래스 라운드 트립 티킷 투 케임브릿지, 플리즈.

가장 일찍 출발하는 표로 주세요.

Give me the earliest ticket.
기브 미 디 얼리스트 티킷.
The earliest ticket, please.
디 얼리스트 티킷, 플리즈.

예약해야 합니까?

Do I need reservation?
두 아이 니드 레저베이션?
Need reservation?
니드 레저베이션?

예약하지 않아도 탈 수 있나요?

Can I get on this train without a reservation?

캔 아이 겟 온 디스 트레인 위드아웃 어 레저베이션?

Can I get on now?

캔 아이 겟 온 나우?

내일 아침 6 : 10 기차로 주세요.

6 : 10 a.m. train for tomorrow, please.

씩스 텐 에이엠 트레인 포 투모로우, 플리즈.

Tomorrow 6 : 10 a.m., please.

투모로우 씩스 텐 에이엠, 플리즈.

돌아오는 표는 며칠간 유효하나요?

How long is the return ticket available?

하우 롱 이즈 더 리턴 티킷 어베일러블?

How long available?

하우 롱 어베일러블?

리버풀행은 몇 번 선이지요?

Which tract is for Liverpool?

휫취 트랙 이즈 포 리버풀?

Liverpool, what tract?

리버풀, 홧 트랙?

리버풀에 가려면 갈아타야 하나요?

Should I change trains to get to Liverpool?

슈드 아이 체인지 트레인즈 투 겟 투 리버풀?

Change train to Liverpool?

체인지 트레인 투 리버풀?

이 기차는 리버풀로 가는 것이 맞나요?

Is this the right train to Liverpool?

이즈 디스 더 롸잇 트레인 투 리버풀?

Train to Liverpool?

트레인 투 리버풀?

기차에 짐을 두고 내렸는데 어떻게 하지요?

I left my bag in the train, what should I do?

아이 레프트 마이 백 인 더 트레인, 홧 슈드 아이 두?

Left bag on train, what do?

레프트 백 온 트레인, 홧 두?

대중교통 이용하기

유레일 패스를 이용할 때
(Eu-rail pass)

유레일 패스를 살 수 있나요?

Can I buy the Eu-rail pass?

캔 아이 바이 더 유레일 패스?

Eu-rail pass, please.

유레일 패스, 플리즈.

30일 동안 사용하고 싶은데 얼마죠?

How much does it the cost for 30 days?

하우 머치 더즈 잇 더 코스트 포 써티 데이즈?

How much for 30 days?

하우 머치 포 써티 데이즈?

스탬프로 날짜를 찍어 주세요.

Will you stamp and write the date on this?

윌 유 스탬프 앤 롸이트 더 데이트 온 디스?

Stamp and write the date, please.

스탬프 앤 롸이트 더 데이트, 플리즈.

언제부터 사용할 수 있지요?

When do I start to use?

웬 두 아이 스타트 투 유즈?

When start?

웬 스타트?

유레일 패스를 잃어 버렸는데요?

I lost my Eu-rail pass.

아이 로스트 마이 유레일 패스.

Lost Eu-rail pass.

로스트 유레일 패스.

재발행 하여 주세요.

Could you reissue it?

쿠드 유 리이슈 잇?

Reissue it, please.

리이슈 잇, 플리즈.

제가 사본을 갖고 있는데요?

I have the copy. / Copy here.

아이 해브 더 카피. / 카피 히어.

유레일 패스 할인이 있나요?

Is there any discount for Eu-rail pass?

이즈 데어 애니 디스카운트 포 유레일 패스?

Any discount for Eu-rail pass?

애니 디스카운트 포 유레일 패스?

대중교통 이용하기
배(Ferry)를 이용할 때

선착장은 어디에 있나요?

Where is the ferry boat?

훼어 이즈 더 페리 보우트?

Where is ferry?

훼어 이즈 페리?

승선은 몇 시에 하지요?

What time do we board the ferry?

홧 타임 두 위 보드 더 페리?

When do we board?

휀 두 위 보드?

요금은 어디에서 받나요?

Where do I pay the fare?

훼어 두 아이 페이 더 페어?

Where pay fare?

훼어 페이 페어?

배가 몇 시에 떠나나요?

What time does the ship leave?

왓 타임 더즈 더 쉽 리브?

What time leave?

왓 타임 리브?

관광에는 시간이 얼마나 걸리나요?

How long is the tour?

하우 롱 이즈 더 투어?

How long?

하우 롱?

어른 요금은 얼마인가요?

How much is the fare for adult?

하우 머치 이즈 더 페어 포 어덜트?

How much for adult?

하우 머치 포 어덜트?

어른 표 한 장 주세요?

May I have a ticket for adult?

메이 아이 해브 어 티킷 포 어덜트?

One ticket for adult, please.

원 티킷 포 어덜트, 플리즈.

배 멀미를 하나봐요.

I think seasickness now.
아이 씽크 씨씩니스 나우.
Seasickness now.
씨씩니스 나우.

배 안에서 멀미약을 살 수 있을까요?

Can I buy seasickness medicine on board?
캔 아이 바이 씨씩니스 메디신 온 보드?
Seasickness medicine on board?
씨씩니스 메디신 온 보드?

대중교통 이용하기

전철이나 지하철을 이용할 때
(Subway)

이 근처에 지하철역이 어디에 있지요?

Where is a subway station around here?

훼어 이즈 어 써브웨이 스테이션 어라운드 히어?

Where subway station is?

훼어 써브웨이 스테이션 이즈?

에펠탑까지 얼마죠?

How much is it to the Eiffel Tower?

하우 머치 이즈 잇 투 디 에펠 타워?

Eiffel Tower, how much?

에펠 타워, 하우 머치?

지하철 노선도를 주시겠어요?

May I have a subway route map?

메이 아이 해브 어 써브웨이 루트 맵?

Subway map, please.

써브웨이 맵, 플리즈.

루브르 박물관행은 몇 번 선이지요?

What line should I go for Louvre?
> 홧 라인 슈드 아이 고우 포 루브르?

What line for Louvre?
> 홧 라인 포 루브르?

파리광장을 가려면 어디에서 갈아타야 하지요?

Which station should I change to go to the Paris Square?
> 휫취 스테이션 슈드 아이 체인지 투 고우 투 더 패리스 스퀘어?

Where change to Paris Square?
> 훼어 체인지 투 패리스 스퀘어?

파리광장은 어느 출구로 나가면 되나요?

Which exit should I go for Paris Square?
> 휫취 엑싯 슈드 아이 고우 포 패리스 스퀘어?

Which exit for Paris Square?
> 휫취 엑싯 포 패리스 스퀘어?

대중교통 이용하기

렌트 사무실에서
(At rental office)

렌터카는 어디에서 빌리죠?

Where can I rent a car?

훼어 캔 아이 렌트 어 카?

Where car rental office is?

훼어 카 렌털 오피스 이즈?

오토매틱 소형차를 빌리고 싶습니다.

I'd like to rent an automatic compact car.

아이드 라이크 투 렌트 언 오토매틱 컴팩트 카.

Automatic compact car.

오토매틱 컴팩트 카.

어떤 종류의 차들이 있나요?

What kind of cars do you have?

홧 카인드 어브 카즈 두 유 해브?

What kind of cars?

홧 카인드 어브 카즈?

요금표를 보여 주시겠어요?

May I see a list of your rates?

메이 아이 씨 어 리스트 어브 유어 레이츠?

Can I see the rates?

캔 아이 씨 더 레이츠?

이 차를 이틀 동안 빌리고 싶습니다.

I want to rent this car for two days.

아이 원 투 렌트 디스 카 포 투 데이즈.

2 days car rental.

투 데이즈 카 렌털.

이 차를 빌리는데 요금이 얼마죠?

How much is it to rent this car?

하우 머치 이즈 잇 투 렌트 디스 카?

How much?

하우 머치?

보험을 들어야 하나요?

Should I buy insurance?

슈드 아이 바이 인슈어런스?

Insurance needed?

인슈어런스 니디드?

보증금을 내야 합니까?

Should I deposit money?
슈드 아이 디포짓 머니?
Deposit money?
디포짓 머니?

목적지에서 반납할 수 있나요?

Can I drop it off?
캔 아이 드롭 잇 어프?
Drop it off?
드롭 잇 어프?

반납 기일이 지나면 얼마를 더 내야 합니까?

How much do you charge for late returning the car?
하우 머치 두 유 챠지 포 레이트 리턴닝 더 카?
Late return charge, how much?
레이트 리턴 챠지, 하우 머치?

연료는 가득 들어 있나요?

Is the gas tank filled up?
이즈 더 개스 탱크 필드 업?
Full tank?
풀 탱크?

연료는 가득 들어 있나요?

What kind of fuel do you fill up?

 홧 카인드 어브 퓨얼 두 유 필 업?

What kind of gas?

 홧 카인드 어브 개스?

냉각수나 엔진오일을 점검해야 합니까?

Do I need to check the oil and coolant?

 두 아이 니드 투 체크 더 오일 앤 쿨런트?

Check coolant and oil?

 첵크 더 쿨런트 앤 오일?

사고났을 경우 연락처를 가르쳐 주세요?

Can I have some places to call in case of trouble?

 캔 아이 해브 썸 플레이시즈 투 콜 인 케이스 어브 트러블?

Give me telephone numbers in emergency.

 기브 미 텔리폰 넘버즈 인 이멀젼시.

차가 고장났어요.

The car broke down.

 더 카 브로크 다운.

Broke down.

 브로크 다운.

대중교통 이용하기

주유소에서
(At gas station)

주유소가 어디지요?

Where is a gas station around here?

훼어 이즈 어 개스 스테이션 어라운드 히어?

Where gas station is?

훼어 개스 스테이션 이즈?

리터당 가격이 얼마죠?

What is the cost per liter?

홧 이즈 더 코스트 퍼 리터?

How much per liter?

하우 머치 퍼 리터?

무연 연료로 가득 채워 주세요.

Could you fill up the unleaded gas?

쿠드 유 필업 디 언리디드 개스?

Full unleaded gas, please.

풀 언리디드 개스, 플리즈.

오일과 냉각수를 체크해 주세요.

Could you check the oil and coolant?

쿠드 유 첵크 디 오일 앤 쿨런트?

Check the oil and coolant, please.

첵크 디 오일 앤 쿨런트, 플리즈.

셀프서비스인가요?

Is it self-service?

이즈 잇 셀프-써비스?

Self-service?

셀프-써비스?

대중교통 이용하기

정비소에서
(At car service center)

자동차 정비소가 어디 있나요?

Where is the car service center?

훼어 이즈 더 카 써비스 센터?

Where car service center is?

훼어 카 써비스 센터 이즈?

머플러를 체크해 주시겠어요?

Could you check the muffler?

쿠드 유 첵크 더 머플러?

Check muffler, please.

첵크 머플러, 플리즈.

머플러를 바꾸는데 얼마나 들죠?

How much is the cost to change the muffler?

하우 머치 이즈 더 코스트 투 체인지 더 머플러?

Change muffler, how much?

체인지 머플러, 하우 머치?

차에서 이상한 소리가 나는데 점검 좀 해주세요.

The sound is something strange, could you check the car?

더 사운드 이즈 썸씽 스트레인지, 쿠드 유 체크 더 카?

Strange sound, check, please.

스트레인지 사운드, 첵크, 플리즈.

차가 완전히 정지하지 않아요.

The car is not fully stopped when break up.

더 카 이즈 낫 풀리 스탑트 휀 브레이크 업.

Not fully stopped.

낫 풀리 스탑트.

무엇이 잘못 되었나요?

What's wrong on my car?

홧츠 롱 온 마이 카?

What's wrong?

홧츠 롱?

영수증을 주시겠어요?

Could you give me a receipt?

쿠드 유 기브 미 어 리시트?

Receipt, please.

리시트, 플리즈.

대중교통 이용하기

주차장에서
(At parking lot)

주차할 수 있는 곳이 어디 있지요?
Where is the parking lot?
  훼어 이즈 더 파킹 랏?
Parking lot, where?
  파킹 랏, 훼어?

시간당 주차비가 얼마죠?
How much do I pay per hour?
  하우 머치 두 아이 페이 퍼 아우어?
How much?
  하우 머치?

이 근처에 무료 주차장이 어디 있지요?
Where is a free parking lot around here?
  훼어 이즈 어 프리 파킹 랏 어라운드 히어?
Where free parking lot is?
  훼어 프리 파킹 랏 이즈?

저 차가 제 차를 받았어요.

My car was hit by that car.

마이 카 워즈 힛 바이 댓 카.

My car was hit.

마이 카 워즈 힛.

경찰을 불러 주세요.

Call to police, please.

콜 투 폴리스, 플리즈.

Police, please.

폴리스, 플리즈.

내 렌터카인데 보험에 들어 있어요.

This is my rent car which has insurance.

디스 이즈 마이 렌트 카 휘치 해스 인슈어런스.

Has insurance.

해스 인슈어런스.

이것이 렌터카 서류입니다.

This is my car rent documents.

디스 이즈 마이 카 렌트 도큐먼츠.

My rent car documents.

마이 렌트 카 도큐먼츠.

렌터카 사무실로 전화해 주세요.

Could you call to the car rental office for it?
쿠드 유 콜 투 더 카 렌털 오피스 포 잇?

Call to car rental office, please.
콜 투 카 렌털 오피스, 플리즈.

구경하기

전시장 관람
(Exhibitions)

무엇을 전시중이지요?

What's going on?

왓츠 고잉 온?

What's on?

왓츠 온?

입장료가 얼마죠?

What's the admission fee?

왓츠 더 어드미션 피?

Admission fee?

어드미션 피?

대학생은 할인이 되나요?

Do you have a discount for college student?

두 유 해브 어 디스카운트 포 칼리지 스튜던트?

Discount for college student?

디스카운트 포 칼리지 스튜던트?

매표소는 어디지요?

Where is the booking office?
훼어 이즈 더 북킹 오피스?
Where ticket office is?
훼어 티킷 오피스 이즈?

마지막 관람은 몇 시지요?

What's the last admission time?
홧츠 더 라스트 어드미션 타임?
Last admission time?
라스트 어드미션 타임?

그림엽서는 한 세트에 얼마죠?

How much is a set of postcards?
하우 머치 이즈 어 셋 어브 포스트카즈?
How much postcards set is?
하우 머치 포스트카즈 셋 이즈?

구경하기

사진 및 비디오 촬영
(Taking pictures and videos)

실례지만, 사진 좀 찍어 주시겠어요?

Excuse me, would you take a picture of me?

익스큐즈 미, 우드 유 테이크 어 픽츄어 어브 미?

Take a picture of me?

테이크 어 픽츄어 어브 미?

자동이라 셔터만 누르시면 되요.

It's an automatic, just press the shutter.

잇츠 언 오토매틱, 저스트 프레스 더 셔터.

Just press shutter, please.

저스트 프레스 셔터, 플리즈.

저와 함께 사진을 찍으시겠어요?

Do you mind taking a picture with me?

두 유 마인드 테이킹 어 픽츄어 위드 미?

Taking a picture with me?

테이킹 어 픽츄어 위드 미?

필름이 없네요.

I ran out of film.

아이 랜 아웃 어브 필름.

Ran out of film.

랜 아웃 어브 필름.

가까운 곳에 카메라 가게가 있나요?

Where is the camera shop near here?

훼어 이즈 더 캐머러 샵 니어 히어?

Where camera shop is?

훼어 캐머러 샵 이즈?

36장짜리 필름 한 통 주세요.

I want a roll of color film with 36 exposure.

아이 원 어 롤 어브 컬러 필름 위드 써티 씩스 익스포우저.

36 exposure, please.

써티 씩스 익스포우저, 플리즈.

도와주셔서 감사합니다.

Thank you for your helping.

쌩큐 포 유어 헬핑.

Thank you.

쌩큐.

구경하기

공연관람
(Show & Performance)

지금 볼 만한 공연이 무엇이 있지요?
What interesting performances are there now?
왓 인터레스팅 퍼포먼스 아 데어 나우?

Any interesting performances?
애니 인터레스팅 퍼포먼스?

공연을 보려면 미리 예약을 해야 하나요?
Should I book in advance to set the events?
슈드 아이 북 인 어드밴스 투 셑 디 이벤츠?

Advance reservation necessary?
어드밴스 레저베이션 네써서리?

공연장에 가서 표를 구입할 수 있나요?
Could I buy a ticket at the theater?
쿠드 아이 바이 어 티킷 앳 더 씨어터?

Buy ticket theater?
바이 티킷 씨어터?

마지막 공연은 몇 시지요?

Around what time is it over?

어라운드 홧 타임 이즈 잇 오버?

When is over?

휀 이즈 오버?

A석은 얼마죠?

How much is A-seat?

하우 머치 이즈 에이 씨트?

A-seat, how much?

에이 씨트, 하우 머치?

가장 싼 좌석은 얼마죠?

How much is the cheapest one?

하우 머치 이즈 더 칩피스트 원?

How much the least one?

하우 머치 이즈 더 리스트 원?

가장 싼 좌석으로 2장 주세요.

I'd like 2 least expensive one, please.

아이드 라이크 투 리스트 엑스펜시브 원, 플리즈.

2 least one, please.

투 리스트 원, 플리즈.

구경하기

휴식시간은 몇 분이지요?
How long is the intermission?
하우 롱 이즈 디 인터미션?
How long intermission is?
하우 롱 인터미션 이즈?

청바지와 운동화 차림으로 가도 되나요?
Can I go in jeans and sneakers?
캔 아이 고우 인 진즈 앤 스니커즈?
Jeans and sneakers possible?
진즈 앤 스니커즈 파서블?

정장차림으로 가야 하나요?
Do I need go in formal dress?
두 아이 니드 고우 인 포멀 드레스?
Formal dress necessary?
포멀 드레스 네스써리?

구경하기

레저 스포츠 즐기기와 관람
(Sports & Leisure)

스키장으로 가는 정류장이 어디 있지요?
Where is the bus stop for ski place?
훼어 이즈 더 버스 스탑 포 스키 플레이스?
Bus stop for skiing, where?
버스 스탑 포 스킹, 훼어?

요즈음 스키를 즐길 수 있나요?
Is it possible to enjoy the ski at this time?
이즈 잇 파써블 투 엔조이 더 스키 앳 디스 타임?
Ski possible?
스키 파써블?

초보자를 위한 코스가 있나요?
Is there a slope for beginners?
이즈 데어 어 슬로프 포 비기너즈?
Slope for beginners?
슬로프 포 비기너즈?

구경하기

어디에서 스키 장비를 빌리지요?
Where can I rent ski equipments?
훼어 캔 아이 렌트 스키 이킵먼츠?
Ski equipments, where?
스키 이킵먼츠, 훼어?

빌리는 값이 얼마죠?
How much is the fare for rent?
하우 머치 이즈 더 페어 포 렌트?
How much?
하우 머치?

보증금은 얼마죠?
How much is the deposit?
하우 머치 이즈 더 디포짓?
How much deposit?
하우 머치 디포짓?

학생은 할인되나요?
Is there any discount for student?
이즈 데어 애니 디스카운트 포 스튜던트?
Student discount?
스튜던트 디스카운트?

몇 시에 문을 닫지요?
What time is this shop closed?
홧 타임 이즈 디스 샵 클로즈드?

What time is closed?
  핫 타임 이즈 클로즈드?

리프트는 어디에서 탑니까?

Where can I get on a ski lift?
  훼어 캔 아이 겟 온 어 스키 리프트?
Where ski lift is?
  훼어 스키 리프트 이즈?

경사가 급한가요?

Is this slope steep?
  이즈 디스 슬로프 스티입?
Steep slope?
  스티입 슬로프?

몽블랑에서 내려도 되나요?

Can I get off at Mont Blanc?
  캔 아이 겟 어프 앳 몽블랑?
Stop Mont Blanc?
  스탑 몽블랑?

경치 좋은 골프장이 어디 있나요?

Is there a golf ground with nice view?
  이즈 데어 어 골프 그라운드 위드 나이스 뷰?
Where golf ground is?
  훼어 골프 그라운드 이즈?

지금 볼 만한 골프 경기가 있나요?

Are there any interesting golf games now?

아 데어 애니 인터레스팅 골프 게임즈 나우?

Any interesting golf games?

애니 인터레스팅 골프 게임즈?

그 곳에 어떻게 가지요?

How can I get there?

하우 캔 아이 겟 데어?

How to get there?

하우 투 겟 데어?

어디에서 골프용품을 빌릴 수 있나요?

Where can I rent golf club?

훼어 캔 아이 렌트 골프 클럽?

Golf club rent, where?

골프 클럽 렌트, 훼어?

어디에서 자전거를 빌릴 수 있나요?

Where can I rent a bike?

훼어 캔 아이 렌트 어 바이크?

Rent a bike?

렌트 어 바이크?

하루 빌리는데 얼마죠?

How much does it cost for a day?

하우 머치 더즈 잇 코스트 포 어 데이?

How much for a day?
하우 머치 포 어 데이?

어느 길이 자전거 전용 도로이지요?

Which way is for bike?
휘취 웨이 이즈 포 바이크?
Bike way, which side?
바이크 웨이, 휘취 싸이드?

번지점프 하는 곳이 어디입니까?

Is there any place for bungee jumping?
이즈 데어 애니 플레이스 포 번지 점핑?
Where bungee jump place is?
훼어 번지 점프 플레이스 이즈?

어느 곳을 가야 스쿠버 다이빙을 할 수 있나요?

What place is good for scuba diving?
홧 플레이스 이즈 굳 포 스쿠바 다이빙?
Scuba diving place, where?
스쿠바 다이빙 플레이스, 훼어?

지금 스쿠버 다이빙을 하는데 지장이 없나요?

Is it reasonable to scuba diving now?
이즈 잇 리즈너블 투 스쿠바 다이빙 나우?
Right time for scuba diving?
롸잇 타임 포 스쿠바 다이빙?

구경하기

관전 (Games)

가까운 시일 내에 축구 시합이나 테니스 시합이 있나요?
Do you have any soccer or tennis games in the next few days?

두 유 해브 애니 싸커 오어 테니스 게임즈 인 더 넥스트 퓨 데이즈?

Any soccer or tennis games, when?

애니 싸커 오어 테니스 게임즈, 웬?

무슨 경기가 있다고요?
What games are playing? / What games?

홧 게임즈 아 플레잉? / 홧 게임즈?

지금 표를 살 수 있나요?
Can I still get a ticket? / Ticket available?

캔 아이 스틸 겟 어 티킷? / 티킷 어베일러블?

축구 시합에 관한 정보를 얻고 싶습니다.
I want some information soccer games.

아이 원트 썸 인포메이션 싸커 게임즈.

Pamphlet, please.

팜플릿, 플리즈.

구경하기

관광 투어
(Tour)

어느 관광 상품이 인기가 있나요?

Which sightseeing tour is popular?

휘취 싸이트씽 투어 이즈 팝퓰라?

Which is popular?

휘취 이즈 팝퓰라?

이 관광 투어에 참가하겠어요.

I'd like to join in this tour.

아이드 라이크 투 조인 인 디스 투어.

Can I join tour?

캔 아이 조인 투어?

일정을 자세히 설명해 주세요.

Could you tell me about the itinerary?

쿠드 유 텔 미 어바웃 디 아이티너러리?

Tell me itinerary, please.

텔 미 아이티너러리, 플리즈.

얼마나 걸리지요?

How long does it take the tour?
하우 롱 더즈 잇 테이크 더 투어?
How long tour is?
하우 롱 투어 이즈?

옵션 관광이 있나요?

Do you have any optional tour?
두 유 해브 애니 옵셔널 투어?
Optional tour?
옵셔널 투어?

어떤 교통편을 이용하나요?

What transportation will we use?
홧 트랜스포테이션 윌 위 유즈?
What transportation?
홧 트랜스포테이션?

각국의 화폐 단위

각국의 화폐 단위

나라	단위	약자
미국	Dollar	$
영국	Pound	£
프랑스	Franc	fr
독일	Mark	DM
일본	Yen	¥
호주	Dollar	$
유럽	Euro	$
캐나다	Dollar	$

나라마다 사용하는 화폐가 다르다. 예를 들어 미국은 달러($), 유럽은 유로화(EU $)를 사용한다. 그러므로 유럽을 여행할 때에는 유로화를 쓰는 것이 유익하다. 한편으로는 해당 국가의 화폐를 사용하는 것이 편리하지만 종종 그렇지 못할 때도 있다. 환전을 할 때마다 수수료를 내야 하므로 이 점을 감안하여 적당한 환전을 하는 것이 바람직하다.

쇼핑하기

쇼핑하기

여행지 토속 상품점 찾기
(Tourist items)

이 지역 특산품은 무엇인가요?

What's the special product in this town?

홧츠 더 스페셜 프로덕트 인 디스 타운?

What special product is?

홧 스페셜 프로덕트 이즈?

기념품을 찾고 있는 중입니다.

I'm looking for some souvenirs.

아임 룩킹 포 썸 수우브니어즈.

Some souvenirs.

썸 수우브니어즈.

손으로 직접 만든 것인가요?

Is this a hand made craft?

이즈 디스 어 핸드 메이드 크라프트?

Hand made craft?

핸드 메이드 크라프트?

171

얼마죠?

How much is this?

하우 머치 이즈 디스?

How much?

하우 머치?

어른에게 드릴 만한 선물을 추천해 주세요?

Would you recommend the gifts for seniors?

우드 유 레커멘드 더 기프츠 포 시니어즈?

Souvenirs for seniors?

수우브니어즈 포 시니어즈?

가죽 제품을 볼 수 있나요?

Can I see the leather goods?

캔 아이 씨 더 레더 구즈?

Leather goods?

레더 구즈?

소핑하기

물건값 깎기
(Bargains)

면세로 살 수 있나요?

Can I buy it tax free?

캔 아이 바이 잇 택스 프리?

Tax free?

택스 프리?

깎아 주실 수 있나요?

Could you make a discount?

쿠드 유 메이크 어 디스카운트?

Discount, please.

디스카운트, 플리즈.

2개에 10달러 주시겠어요?

How about 10 dollars for two?

하우 어바웃 텐 달러즈 포 투?

10 dollars for two?

텐 달러즈 포 투?

좀 더 싼 것은 없나요?

Do you have more cheaper one?

두 유 해브 모어 취퍼 원?

Cheaper one?

취퍼 원?

여기 흠이 있는데, 싸게 해주세요.

There's a spot, so could you make a discount?

데어즈 어 스팟, 쏘우 쿠드 유 메이크 어 디스카운트?

Spot, discount possible?

스팟, 디스카운트 파써블?

돈이 조금 모자라는 데요.

I'm a little short of money.

아임 어 리틀 숏 어브 머니.

Little money.

리틀 머니.

쇼핑하기

원하는 물건 고르기
(Looking for gifts)

여성용 액세서리 매장은 어디 있나요?

Where is the counter for ladies accessories?

훼어 이즈 더 카운터 포 레이디즈 액세서리즈?

Where accessory counter is?

훼어 액세서리 카운터 이즈?

다른 모양이 있나요?

Do you have any other models?

두 유 해브 애니 아더 모델즈?

Any other models?

애니 아더 모델즈?

얼마죠?

How much is it?

하우 머치 이즈 잇?

How much?

하우 머치?

해봐도 되나요?

Can I try it on?
> 캔 아이 트라이 잇 온?

Try it on?
> 트라이 잇 온?

저한테 잘 어울리나요?

Does it suit me?
> 더즈 잇 슡 미?

Fit me?
> 핏 미?

티셔츠 좀 보여 주세요?

Can I see that T-shirts?
> 캔 아이 씨 댓 티셔츠?

Show me T-shirts.
> 쇼우 미 티셔츠.

다른 색깔은 없나요?

Do you have any colors?
> 두 유 해브 애니 컬러즈?

Any other colors?
> 애니 아더 컬러즈?

사이즈가 크네요.

This is large(small).

디스 이즈 라지(스몰).

Large(small).

라지(스몰).

좀 작은 것이 있나요?

Do you have anything smaller(bigger)?

두 유 해브 애니씽 스몰러(빅거)?

Anything smaller(bigger)?

애니씽 스몰러(빅거)?

쇼핑하기

계산하기
(Payment)

여행자 수표도 받나요?

Do you accept traveler's checks?
  두 유 억셉트 트레블러스 첵스?
Traveler's checks?
  트레블러스 첵스?

신용카드로 계산해도 되나요?

Can I pay with credit card?
  캔 아이 페이 위드 크레딧 카드?
Credit card possible?
  크레딧 카드 파써블?

모두 얼마죠?

How much all of them?
  하우 머치 올 어브 뎀?
All, how much?
  올, 하우 머치?

5개월 할부로도 되나요?

Can I pay in 5 monthly installments?
> 캔 아이 페이 인 파이브 먼슬리 인스톨먼츠?

5 monthly installments, please.
> 파이브 먼슬리 인스톨먼츠, 플리즈.

교환이나 환불이 가능한가요?

Do you exchange or refund it?
> 두 유 익스체인지 오어 리펀드 잇?

Exchange or refund?
> 익스체인지 오어 리펀드?

선물용으로 포장해 주세요?

Will you wrap it as a gift?
> 윌 유 랩 잇 애즈 어 기프트?

Wrap up, gift.
> 랩 업, 기프트.

따로따로 포장해 주세요?

Will you wrap separately?
> 윌 유 랩 세퍼레이틀리?

Wrap up separately, please.
> 랩 업 세퍼레이틀리, 플리즈.

쇼핑하기

쇼핑가 찾기
(Shopping Street)

백화점에 가려면 어떻게 가야 하나요?
How can I get to the department store?
하우 캔 아이 겟 투 더 디파트먼트 스토어?
How get to the department store?
하우 겟 투 더 디파트먼트 스토어?

화장품 매장은 어디지요?
Where is the cosmetic counter?
훼어 이즈 더 코스메틱 카운터?
Where cosmetic counter is?
훼어 코스메틱 카운터 이즈?

지금 세일중인 마트가 있나요?
Are there any mart sales now?
아 데어 애니 마트 세일즈 나우?
Sales now?
세일즈 나우?

값싸고 좋은 옷을 어디 가면 살 수 있지요?

Where can I buy nice cheap clothes?

훼어 캔 아이 바이 나이스 앤 칩 클로즈?

Where buy cheap clothes?

훼어 바이 칩 클로즈?

쇼핑하기

쇼핑하기

면세점 이용하기
(Duty free shop)

면세점이 어디 있지요?

Where is duty free shop?
훼어 이즈 듀티 프리 샵?
Where duty free shop is?
훼어 듀티 프리 샵 이즈?

얼마 한도 내에서 살 수 있나요?

How much can I buy within limits?
하우 머치 캔 아이 바이 위딘 리미츠?
How much limits is?
하우 머치 리미츠 이즈?

신분증이 필요한가요?

Do you need my ID(passport)?
두 유 니드 마이 아이디(패스포트)?
Need ID(passport)?
니드 아이디(패스포트)?

물건을 어디서 찾으면 되지요?

Where can I get my goods?

훼어 캔 아이 겟 마이 구즈?

Where to get goods?

훼어 투 겟 구즈?

영수증을 주세요.

Would you give me the receipt?

우드 유 기브 미 더 리씨트?

Receipt, please.

리씨트, 플리즈.

쇼핑하기

교환 및 환불
(Exchange & Refund)

이 물건을 다른 것으로 바꿔도 되나요?
May I exchange it for another? / Exchange, please.

메이 아이 익스체인지 잇 포 어나더? / 익스체인지, 플리즈.

돈의 차액만큼 환불이 되나요?
Could I get a refund for the different?

쿠드 아이 겟 어 리펀드 포 더 디퍼런트?

Refund possible?

리펀드 파써블?

A/S를 받을 수 있나요?
Can I get a guarantee on this goods?

캔 아이 겟 어 개런티 온 디스 구즈?

Guarantee on it?

개런티 온 잇?

이 물건은 환불이 되나요?
Do you refund it? / Refund?

두 유 리펀드 잇? / 리펀드?

소식 전하기

소식 전하기
(Pass on news)

■ ■ ■ ■ 1. 전화 이용이나 우체국에 대한 정보

외국에서(여행중이나 기타) 전화 걸기가 쉽지 않을 때가 있다. 그러므로 시내전화와 국제전화 사용법을 알아두어 여행에 불편한 점을 감소시킨다면 좋을 것이다.

국제전화를 할 때 호텔에서 하는 것과 밖에서 국제전화 카드를 사서 하거나 또는 전화국에 가서 하는 요금이 다르다.

호텔에서는 외부와 접속이 될 수 있도록 외부번호(예를 들면, 9번)를 누르고 국제전화 접속번호를 누르고, 대한민국 국가번호(82)를 누르고, 지역번호(0을 뺀, 예를 들면 서울지역 2)를 누르고, 자기 집 전화번호를 누르면 된다.

카드로 국제전화를 하는 방법은 국제전화 접속번호를 누르고, 국가번호를 누르고, 지역번호(0을 뺀)를 누르고, 집 전화번호를 누르면 된다.

전화 사용하는 방법을 알고 나면 이용하기에 편리하고 가격도 저렴하다.

2. 편지

여행 중 가족, 친지 그리고 친구로부터 연락을 받고 싶은 것은 사실이다. 내가 머물 곳이 정해졌다면 주소를 알려 주어 머무는 기간 동안 편지(Letter)나 기타 우편물을 받도록 할 수 있고, 혹은 친구나 아는 사람의 집 주소를 알려 주어 우편물을 받을 수 있도록 하는 것도 좋을 것이다.

소식 전하기

국제전화 (International call)

공중전화가 어디 있나요?

Where is a pay phone?

훼어 이즈 어 페이 폰?

Where public phone is?

훼어 퍼블릭 폰 이즈?

이 전화로 국제전화 거는 법을 가르쳐 주세요.

Will you tell me how to make an international call from this phone?

윌 유 텔 미 하우 투 메이크 언 인터내셔널 콜 프롬 디스 폰?

How to make international call?

하우 투 메이크 인터내셔널 콜?

국제전화 카드는 어디서 살 수 있지요?

Where can I buy an international phone card?

훼어 캔 아이 바이 언 인터내셔널 폰 카드?

Buying international phone card, where?

바잉 인터내셔널 폰 카드, 훼어?

90분짜리 전화카드는 얼마죠?

How much is a phone card for 90 minutes?
하우 머치 이즈 어 폰 카드 포 나인티 미닛츠?

How much for 90 minutes?
하우 머치 포 나인티 미닛츠?

수신자 부담으로 한국으로 전화하고 싶은데요?

I want to make a collect call to Korea?
아이 원 투 메이크 어 콜렉트 콜 투 코리아?

Collect call, please.
콜렉트 콜, 플리즈.

교환, 수신자 부담으로 서울에 전화를 원해요.

Operator, can you make a collect call to Seoul, Korea?
오퍼레이터, 캔 유 메이크 어 콜렉트 콜 투 서울, 코리아?

Collect call, please.
콜렉트 콜, 플리즈.

제 이름은 홍길동입니다.

My name is Gil-dong, Hong.
마이 네임 이즈 길동 홍.

Gil-dong, Hong.
길동 홍.

한국, 서울 565-1234번입니다.
The number is 565-1234 in Seoul, Korea.
더 넘버 이즈 파이브 씩스 파이브 댓시 원 투 쓰리 포 인 서울, 코리어.
565-1234, Seoul, Korea.
파이브 씩스 파이브 댓시 원 투 쓰리 포, 서울, 코리어.

제가 홍길동입니다.
This is Gil-dong, Hong.
디스 이즈 길동 홍.
Speaking.
스피킹.

소식 전하기

시내전화
(Local call)

이 전화 사용법을 가르쳐 주세요.

Will you tell me how to make this phone?

월 유 텔 미 하우 투 메이크 디스 폰?

How to use this phone?

하우 투 유즈 디스 폰?

동전을 먼저 넣어야 하나요?

Do I insert coin first?

두 아이 인써트 코인 퍼스트?

Coin first?

코인 퍼스트?

전화카드는 어디서 사지요?

Where can I buy the phone card?

훼어 캔 아이 바이 더 폰 카드?

Phone card, where?

폰 카드, 훼어?

여보세요, 저는 홍길동입니다.

Hello, this is Gil-dong, Hong.

헬로우, 디스 이즈 길동 홍.

Speaking.

스피킹.

스미스 씨를 부탁합니다.

May I talk to Mr. Smith?

메이 아이 토크 투 미스터 스미스?

Mr. Smith, please.

미스터 스미스, 플리즈.

언제쯤 돌아오지요?

When is he coming back?

휀 이즈 히 커밍 백?

Come back, when?

컴백, 휀?

나중에 다시 전화하겠습니다.

I' ll call him back later.

아윌 콜 힘 백 레이터.

Call later.

콜 레이터.

> 소식 전하기

인터넷 및 팩스 이용하기
(Internet & Facsimile)

여기 혹시 인터넷을 사용할 수 있는 곳이 있나요?
Is there any place to use the internet or facsimile?
이즈 데어 애니 플레이스 투 유즈 디 인터넷 오어 팩시밀?
Where internet or facsimile?
훼어 인터넷 오어 팩시밀?

이 컴퓨터에 한글 폰트가 있나요?
Is this the computer with Korean font?
이즈 디스 더 컴퓨터 위드 코리언 폰트?
Korean font computer?
코리언 폰트 컴퓨터?

저의 이메일을 확인하고 싶어요.
Could I check my E-mail?
쿠드 아이 체크 마이 이메일?
Check E-mail?
체크 이-메일?

자료를 검색할 것이 있어요.
I'll look for some information.

아윌 룩 포 썸 인포메이션.

Some information, please.

썸 인포메이션, 플리즈.

한국의 서울에 팩스를 보낼 수 있나요?
May I send the facsimile to Seoul, Korea?

메이 아이 센드 더 팩스밀 투 서울, 코리어.

Facsimile to Seoul, Korea?

팩스밀 투 서울, 코리어.

아주 중요한 서류거든요.
This is very important document.

디스 이즈 베리 임포턴트 도큐먼츠.

Important document.

임포턴트 도큐먼츠.

전부 얼마죠?
How much do I pay?

하우 머치 두 아이 페이?

How much?

하우 머치?

소식 전하기

우편물
(Post office)

우체국이 어디 있나요?
Where is the post office?
훼어 이즈 더 포스트 오피스?
Where post office is?
훼어 포스트 오피스 이즈?

소포를 항공편(배편)으로 보내고 싶어요.
I want to send this parcel by airmail(seamail).
아이 원 투 센드 디스 파셀 바이 에어메일(씨메일).
By airmail(seamail), please.
바이 에어메일(씨메일), 플리즈.

보통(등기, 속달)으로 보내고 싶은데요.
I want to send it by ordinary(registered, express) mail.
아이 원 투 센드 잇 바이 오디너리(레지스터드, 익스프레스) 메일.
Regular(registered, express) mail, please.
레귤러(레지스터드, 익스프레스) 메일, 플리즈.

며칠이나 걸리지요?

How long will it take to Korea?
 하우 롱 윌 잇 테이크 투 코리어?

How long?
 하우 롱?

우편요금은 얼마죠?

How much is the postcard to Korea?
 하우 머치 이즈 더 포스트카드 투 코리아?

Postcard to Korea, how much?
 포스트카드 투 코리아, 하우 머치?

기념우표도 파나요?

Do you sell commemorative stamps?
 두 유 셀 커메머러티브 스탬즈?

Commemorative stamps?
 커메머러티브 스탬즈?

현금지급기 이용하기

현금지급기 이용하기

현금지급기 이용
(ATM : Automatic Teller Machine)

현금지급기가 어디 있지요?

Where is the ATM? / Where ATM is?

훼어 이즈 디 에이티엠? / 훼어 에이티엠 이즈?

사용방법을 가르쳐 주시겠어요?

Will you tell me how to use this ATM? / How to use ATM?

윌 유 텔 미 하우 투 유즈 디스 에이티엠? / 하우 투 유즈 에이티엠?

하루에 인출할 수 있는 한도액이 얼마죠?

How much can I withdraw within limits a day?

하우 머치 캔 아이 위드로우 위딘 리미츠 어 데이?

How much limits is?

하우 머치 리미츠 이즈?

ATM은 24시간 이용이 가능한가요?

Is ATM available for 24 hours?

이즈 에이티엠 어베일러블 포 투웬티 포 아우어즈?

24 hours available?

투웬티 포 아우어즈 어베일러블?

소지품을 분실했을 때

소지품 분실시 대처 요령
(Lost & Found)

1. 여행자 수표(T/C)를 잃어 버렸을 때

가까운 경찰서에 가서 분실 증명서를 발급 받0 은행의 여행자 수표 발행증명서(T/C를 매입할 때 은행이 최초로 발행해준 T/C구입자용 사본)와 여권 등을 가지고 여행자 수표를 발행한 은행 지점으로 가서 신고하면 즉시 재발행 받을 수 있다. 여행중 T/C를 몇 번에서 몇 번까지 사용했는지 꼭꼭 기록해 두는 것은 만약의 경우에 대비해 매우 필요하다.

2. 신용카드를 분실했을 때

카드 분실 사실을 확인한 즉시 해당 은행이나 카드회사에 수신자 부담 전화로 분실 신고를 하고 사용정지를 신청한다. 이때 이름과 카드번호나 주민등록번호를 알려 줘야 한다.

3. 여권을 잃어버렸을 때

한국 대사관이나 영사관에 분실 사실을 신고하여 재발급 받도록 한다. 여권번호, 발행연월일, 여권용 사진 2매, 현지 경찰서에서 발행한 여권 분실 증명서, 신청서, 발급비용만 있으면 재발급 받을 수 있다. 단기간 여행하는 사람들은 한국영사관에서 여행증명서를 발급 받아 현지 법무부를 찾아가 입국증명도장을 받으면 된다. 신청 후 2~3일 후면 발급 받는다.

4. 항공권을 잃어버렸을 때

여행자가 이용한 항공사 사무실을 찾아가 분실 신고를 하고 자사 항공기의 이용 여부를 확인하려면 3일에서 1주일 이상이 경과되므로 단기 여행자의 경우는 항공권을 다시 구매한 후 나중에 환불받는 것이 좋다.

소지품을 분실했을 때

여권 분실
(Lost passport)

여권을 잃어버렸어요.

I lost my passport.

아이 로스트 마이 패스포트.

Lost passport.

로스트 패스포트.

한국대사관 전화번호가 어떻게 되죠?

What's the telephone number of the Korean Embassy?

홧츠 더 텔러폰 넘버 어브 더 코리언 엠버시?

Korean Embassy telephone number?

코리언 엠버시 텔러폰 넘버?

한국대사관을 어떻게 가죠?

How can I go to the Korean Embassy?

하우 캔 아이 고우 투 더 코리언 엠버시?

How to get Korean Embassy?

하우 투 겟 코리언 엠버시?

여권을 재발급 받을 수 있나요?

Can I get the passport reissued?
캔 아이 겟 더 패스포트 리이슈드?

Reissued?
리이슈드?

사진이 필요한가요?

Do you need my picture?
두 유 니드 마이 픽츄어?

Need picture?
니드 픽츄어?

언제 찾으러 오면 되죠?

When can I get it?
휀 캔 아이 겟 잇?

When are you ready?
휀 아 유 레디?

소지품을 분실했을 때

여행자 수표 및 카드 분실시
(Lost credit card & traveler's checks)

여행자 수표를 잃어버렸어요.
I've lost my traveler's checks.
아이브 로스트 마이 트리블러스 첵스.
Lost T/C's.
로스트 티씨스.

발행증명을 갖고 있어요.
I have my record of the checks.
아이 해브 마이 레코드 어브 더 첵스.
Checks' record, here.
첵스 레코드, 히어.

이 번호에서부터 여기까지 사용했어요.
I used from this number to that.
아이 유즈드 프롬 디스 넘버 투 댓.
From this to that.
프롬 디스 투 댓.

서울의 한국외환은행으로부터 T/C를 구매했습니다.

I purchased T/C Korean Exchange Bank in Seoul.

아이 퍼처스드 티씨 코리언 익스체인지 뱅크 인 서울.

Korean Exchange Bank in Seoul.

코리언 익스체인지 뱅크 인 서울.

서울에 조회를 해보세요.

You can inquire it to Seoul.

유 캔 인콰이어 잇 투 서울.

Inquire to Seoul.

인콰이어 투 서울.

신용카드를 잃어버렸는데 어디에다 사용정지를 시켜 달라고 부탁해야 하나요?

Where should I report loss of credit card?

훼어 슈드 아이 리포트 로스 어브 크레딧 카드.

Where report credit card loss?

훼어 리포트 크레딧 카드 로스?

신용카드를 사용정지 시켜 주세요?

Could you cancel my credit card?

쿠드 유 캔슬 마이 크레딧 카드?

Cancel credit card, please.

캔슬 크레딧 카드, 플리즈.

소지품을 분실했을 때

항공권 분실 및 변경
(Lost the flight ticket)

항공권을 잃어버렸어요.
I lost my flight ticket.
아이 로스트 마이 플라잇 티킷.
Lost flight ticket.
로스트 플라잇 티킷.

재발급이 가능한가요?
Could you reissue it?
쿠드 유 리이슈 잇?
Reissue possible?
리이슈 파써블?

출발 날짜를 23일로 변경해 주세요.
I want to change the departure to 23rd.
아이 원 투 체인지 더 디파춰 투 투웬티 써드.
Change to 23rd, please.
체인지 투 투웬티 써드, 플리즈.

재발행이 안 되면 항공권을 다시 사야 하나요?

If not reissued, do I have to buy another flight ticket?

이프 낫 리이슈드, 두 아이 해브 투 바이 어나더 플라잇 티킷?

If not, buy again?

이프 낫, 바이 어게인?

이 항공권 편도에 대해서는 환불받을 수 있나요?

Can I refund for one way ticket?

캔 아이 리펀드 포 원 웨이 티킷?

Refund?

리펀드?

비상사태가 발생했을 때

비상사태
(Emergency)

꼭 알아두어야 할 정보

1. 여권과 항공권을 가지고 출발 2시간 전에 공항에 도착한다.
2. 짐과 휴대품에는 분실시를 대비해 영문 이름표와 연락처를 반드시 부착한다.
3. 출국시 캠코더와 카메라, 기타 귀중품은 출국 세관 심사 때 꼭 신고해야 입국 때 세금이 부과되지 않는다
4. 귀중품과 돈은 항상 몸에 지니고 다닌다.
5. 매일 복용하는 약은 꼭 챙기고, 설사약 · 진통제 · 소화제 · 연고 등은 비상약으로 준비한다.
6. 호텔 바닥의 카펫이 물에 젖지 않도록 주의한다. 만일 카펫이 물에 젖는 경우 별도의 비용이 부과되니 반드시 주의한다.
7. 잔돈을 준비하여 팁을 준다.
8. 호텔 명함을 얻어서 방 번호를 기록하고 외출중에는 가방에 넣어 가지고 다녀 길을 잃어버렸을 경우에 대비한다.

비상사태가 발생했을 때

도움 요청하기
(Asking for help)

저를 좀 도와주시겠어요?

Would you do my favor? / Help me, please.

우드 유 두 마이 페이버? / 헬프 미, 플리즈.

도둑이야, 저 사람이 제 가방을 훔쳐 갔어요.

A robber, he's got my bag.

어 로버, 히즈 갓 마이 백.

Stop him, please.

스탑 힘, 플리즈.

경찰을 불러 주세요.

Call the police. / Call police, please.

콜 더 폴리스. / 콜 폴리스, 플리즈.

증인으로서, 저와 같이 경찰서에 가 주시겠어요?

As a witness, would you come with me to the police station?

애즈 어 윗니스, 우드 유 컴 위드 미 투 더 폴리스 스테이션?

Come with me, please.

컴 위드 미, 플리즈.

비상사태가 발생했을 때

가방을 잃었을 때
(Lost bag)

분실물 취급소는 어디죠?

Where is the lost and found?

훼어 이즈 더 로스트 앤 파운드?

Lost & found office, where?

로스트 앤 파운드 오피스, 훼어?

지하철에 가방을 놓고 내렸어요.

Excuse me, I left my bag in the train.

익스큐즈 미, 아이 레프트 마이 백 인 더 트레인.

Left bag in the train.

레프트 백 인 더 트레인.

런던에서 오전 10 : 10에 출발한 기차로 도착했어요.

I arrived here on a train that left London at 10 : 10 a.m.

아이 어라이브드 히어 온 어 트레인 댓 레프트 런던 앳 텐텐 에이엠.

Just arrived train from London.

저스트 어라이브드 트레인 프롬 런던.

검은 가죽 핸드백인데요.

It's a black leather hand bag.

이츠 어 블랙 레더 핸드 백.

Black leather hand bag.

블랙 레더 핸드 백.

수첩과 돈이 조금 들어 있어요.

My pocket book and some money are in it.

마이 포켓 북 앤 썸 머니 아 인 잇.

Pocket book and some money.

포켓 북 앤 썸 머니.

찾으면, 이 번호로 연락 주세요.

As you found it, call to this phone number.

애즈 유 파운드 잇, 콜 투 디스 폰 넘버.

Call me, please.

콜 미, 플리즈.

비상사태가 발생했을 때

교통사고
(Traffic accidents)

제 친구가 차에 치었어요.

My friend was hit by a car.

마이 프렌드 워즈 힛 바이 어 카.

Friend hit by a car.

프렌드 힛 바이 어 카.

그 차는 뺑소니 쳤어요.

The car run away.

더 카 런 어웨이.

Run away.

런 어웨이.

구급차를 불러 주세요.

Call me an ambulance.

콜 미 언 앰블런스.

Ambulance, please.

앰블런스, 플리즈.

갑자기 멈추는 바람에 사고가 났어요.

It stopped suddenly, and there has been an accident.

잇 스탑트 써든리, 앤 데어 해스 빈 언 액시던트.

Car stopped suddenly, accident.

카 스탑트 써든리, 액시던트.

렌터카 회사에 연락해 주세요.

Will you call to my car rent office for it?

윌 유 콜 투 마이 카 렌트 오피스 포 잇?

Call to rental office, please.

콜 투 렌털 오피스, 플리즈.

통증이 좀 있어요.

I have light pain at the back.

아이 해브 라이트 페인 앳 더 백.

Light pain.

라이트 페인.

비상사태가 발생했을 때

병원 이용하기 (Hospital)

제일 가까운 병원이 어디죠?
Where is the nearest hospital?

훼어 이즈 더 니어리스트 하스피틀?

Where nearest hospital is?

훼어 니어리스트 하스피틀 이즈?

몸이 가려워요.
I'm itching.

아임 이칭.

Itching.

이칭.

온몸에 두드러기가 났어요.
I got a rash all over my body.

아이 갓 어 레쉬 올 오버 마이 바디.

Rash all over body.

레쉬 올 오버 바디.

주사를 맞아야 하나요?

Do I need to get a shot?
두 아이 니드 투 겟 어 샷?

Shot needed?
샷 니디드?

설사를 하는데요.

I have diarrhea.
아이 해브 다이어리어.

Diarrhea.
다이어리어.

굴에 대해 알레르기가 있어요.

I have allergies to oyster.
아이 해브 알러지즈 투 오이스터.

Allergies to oyster.
알러지즈 투 오이스터.

오른쪽 발목을 삐었어요.

I sprained my right ankle.
아이 스프레인드 마이 롸잇 앵클.

Sprained right ankle.
스프레인드 롸잇 앵클.

완쾌되려면 며칠 걸리나요?

How long will it take to get well?

하우 롱 윌 잇 테이크 투 겟 웰?

How long to get well?

하우 롱 투 겟 웰?

여행을 계속해도 될까요?

Can I continue traveling?

캔 아이 컨티뉴 트레블링?

Continue traveling possible?

컨티뉴 트레블링 파써블?

혈액형은 A형입니다.

My blood type is A.

마이 블러드 타입 이즈 에이.

Type A.

타입 에이.

비상사태가 발생했을 때

약국에서
(Drug store)

근처에 가까운 약국이 있나요?

Where is the pharmacy nearby?
훼어 이즈 더 파마씨 니어바이?

Where pharmacy is?
훼어 파마씨 이즈?

기침이 나고 콧물이 줄줄 흘러요.

I have a cough and runny nose.
아이 해브 어 커프 앤 뤄니 노우즈.

Cough and runny nose.
커프 앤 뤄니 노우즈.

처방전 없이 약을 살 수 있나요?

Can I buy the medicine without prescriptions?
캔 아이 바이 더 메디신 위다웃 프리스크립션?

I need medicine.
아이 니드 메디신.

어떻게 복용해야 하죠?

How many times a day should I take?

하우 매니 타임즈 어 데이 슈드 아이 테이크?

How should I take it?

하우 슈드 아이 테이크 잇?

비상사태가 발생했을 때

화장실 이용하기
(Restroom)

가까운 화장실이 어디 있죠?
Where is the restroom near here? / Where restroom is?
훼어 이즈 더 레스트룸 니어 히어? / 훼어 레스트룸 이즈?

유료 화장실입니까?
Is it a pay toilet? / Pay toilet?
이즈 잇 어 페이 토일렛? / 페이 토일렛?

급한데, 저 먼저 화장실을 사용해도 되겠습니까?
I'm in a hurry, can I use the restroom first?
아임 인 어 허리, 캔 아이 유즈 더 레스트룸 퍼스트?
In hurry, restroom first, please.
인 허리, 레스트룸 퍼스트, 플리즈.

유아를 위한 장소도 안에 있나요?
Is there a place for baby in restroom?
이즈 데어 어 플레이스 포 베이비 인 레스트룸?
A place for baby in it?
어 플레이스 포 베이비 인 잇?

시간

시간	hour	아우어
분	minute	미닛
초	second	쎄컨드
오전	morning	모닝
오후	afternoon	애프터눈
전	before	비포
후	after	애프터
저녁	evening	이브닝
밤	night	나이트
정오	noon	눈
오늘	today	투데이
어제	yesterday	예스터데이
내일	tomorrow	투모로우
오늘 밤	tonight	투나잇
오늘 저녁	this evening	디스 이브닝
지난밤	last night	래스트 나잇
오늘 아침	this morning	디스 모닝
내일 저녁	tomorrow night	투모로우 나잇
그저께	the day before yesterday 더 데이 비포 예스터데이	
모레	the day after tomorrow 더 데이 애프터 투모로우	

요일

일요일	Sunday	썬데이
월요일	Monday	먼데이
화요일	Tuesday	투즈데이
수요일	Wednesday	웬즈데이
목요일	Thursday	써스데이
금요일	Friday	프라이데이
토요일	Saturday	세러데이
이번 주	this week	디스 윅
지난주	last week	래스트 윅
다음주	next week	넥스트 윅
주말	weekend	윅켄드
공휴일	holiday	할리데이
기념일	memorial day	메모리얼 데이

월

1월	January	젠뉴어리
2월	February	페이브러리
3월	March	마치
4월	April	에이프릴
5월	May	메이
6월	June	준
7월	July	쥴라이
8월	August	오거스트
9월	September	쎕템버
10월	October	악토버
11월	November	노벰버
12월	December	디쎔버

달

이번 달	this month	디스 먼쓰
다음달	next month	넥스트 먼쓰
지난달	last month	래스트 먼쓰

계절

계절	Season	씨즌
봄	Spring	스프링
여름	Summer	썸머
가을	Autumn / Fall	오텀 / 폴
겨울	Winter	윈터

숫자

0	Zero / 0	지로 / 오
1	One	원
2	Two	투
3	Three	쓰리
4	Four	포
5	Five	파이브
6	Six	씩스
7	Seven	쎄븐
8	Eight	에잇
9	Nine	나인
10	Ten	텐
11	Eleven	일레븐

12	Twelve	투엘브
13	Thirteen	써틴
14	Fourteen	포틴
15	Fifteen	피프틴
16	Sixteen	씩스틴
17	Seventeen	쎄븐틴
18	Eighteen	에잇틴
19	Nineteen	나인틴
20	Twenty	투웬티
30	Thirty	써티
40	Forty	포티
50	Fifty	피프티
60	Sixty	씩스티
70	Seventy	쎄븐티
80	Eighty	에이티
90	Ninety	나인티
100	One hundred	원 헌드러드
1000	One thousand	원 사우즌드
10,000	Ten thousand	텐 사우즌드
100,000	A hundred thousand	어 헌드레드 사우즌드
1,000,000	A million(one million)	어 밀리은(원 밀리온)
10,000,000	Ten million	텐 밀리온
1억	A(one) hundred million	어(원) 헌드레드 밀리온

채소

채소	Vegetables	베지터블즈
당근	Carrot	캐롯
오이	Cucumber	큐컴버
샐러리	Celery	샐러리
가지	Eggplant	에그플랜트
파	Green onion	그린 어니언
마늘	Garlic	갈릭
상추	Lettuce	레터스
시금치	Spinach	스피니취
무	Radish	레디쉬
감자	Potato	포테이토
토마토	Tomato	토메이토
버섯	Mushroom	머쉬룸
호박	Pumpkin	펌킨
고추	Red pepper	레드 페퍼
양배추	Cabbage	캐비쥐
옥수수	Corn	콘

과일

과일	Fruit	푸르트
사과	Apple	애플
살구	Apricot	에프리코트
자두	Plum	플럼
포도	Grape	그레이프
배	Pear	피어
복숭아	Peach	피취
귤	Orange	오린지
바나나	Banana	버내너
감	Persimmon	펄시먼
수박	Water melon	워터 멜론
참외	Melon	멜론
딸기	Strawberry	스트로베리
체리	Cherry	체리
아몬드	Almond	알몬드
밤	Chestnut	체스넛
레몬	Lemon	레몬
허니듀	Honeydew	허니듀
파파야	Papaya	파파야
땅콩	Peanut	피넛
망고	Mango	맹고
코코넛	Coconut	코코넛

게시판

게시판	Sign Board	싸인 보드
출구	Exit(Way out)	엑싯(웨이 아웃)
	Fire escape	파이어 에스케이프
진입금지	No entry	노우 엔트리
우회전(우회로)	Detour / bypass	데투어 / 바이패스
위험	Danger	데인저
금일휴업	Closed today	클로즈드 투데이
영업시간	Business hours	비즈니스 아우어즈
내부수리중	Closed for Alterations	클로즈 포 알터레이션즈
옆 창구 이용 바람	Use next counter	유즈 넥스트 카운터
불조심	Beware of fire	비웨어 어브 파이어
개조심	Beware of dog	비웨어 어브 독
영업중	Open	오픈
침 뱉지 마시오	No spitting	노우 스피팅
손대지 마시오	Don't touch	돈 터취
무료입장	Admission free	어드미션 프리
금일분 매진	Sold out today	솔드 아웃 투데이
대 염가 판매	Bargain sale	바겐 세일
반품사절	All sales final	올 세일즈 파이널
소매치기 주의	Beware of pickpockets	비 웨어 어브 픽포켓츠
판매용	For sale	포 세일

직원외 출입금지	No admittance except on business	
	노우 어드미턴스 익셉트 온 비즈니스	
	Authorized staff only	
	어쏘라이즈드 스태프 온리	
안내소 / 접수처	Information	인포메이션
좌측 통행	Keep to the left	킵 투더 레프트
출입금지	Off limits / No trespassing	
	어프 리미츠 / 노우 트레스패싱	
금연	No smoking	노우 스모킹
여자화장실	Ladies room / Ladies	
	레이디스 룸 / 레이디스	
남자화장실	Men's room / Men	멘스 룸 / 멘
먹는 물	Fit for drink	피트 포 드링크
음료수 반입금지	Prohibited drink	프로히비티드 드링크
마시지 마시오	Unfit for drinking	언핏 포 드링킹
높이제한	Height limit	하이트 리미트
	Height Clearance	하이트 클리어런스
미성년자 출입금지	No minor	노우 마이너
소변금지	No urinating / No nuisance	
	노우 유리네이팅 / 노우 뉴선스	
촬영금지	No photos	노우 포토스
사용금지	Not in use	낫 인 유즈
사용중	In use	인 유즈
일방통행	One way only	원 웨이 온리
서행	Go slow / Reduce speed	
	고우 슬로우 / 리듀스 스피드	

고장	Out of order	아웃 어브 오더
깨지는 물건	Fragile	프레질
분실물 취급소	The lost & Found office	더 로스트 앤 파운드 오피스
통제구역	Restricted area	리스트릭티드 에리어
안전지대	Safety zone	세이프티 존
신발을 벗으시오	Take off shoes	테이크 오프 슈즈
문을 닫으시오	Close the door	클로즈 더 도어
입구	Entrance	엔트런스
냉방중	Air conditioning is operating	에어 컨디셔닝 이즈 오퍼레이팅
난방중	On heating	온 히팅
수리중	Under repairs	언더 리페어즈
공사중	Under construction	언더 콘스트럭션
발 밑 주의	Watch your step	와취 유어 스텝
페인트 주의	Wet paint	웻 페인트
공중 전화	Public telephone	퍼블릭 텔리폰
정숙	Quiet	쿠와잇
예약되어 있음	Reserved / Booked	리저브드 / 북트
안전벨트 착용	Fasten seat belt	페이슨 씨잇 벨트
화장실	Lavatory	레버토리
사용중	Occupied	아큐파이드
비었음	Vacant	베이컨트
비상구	Emergency Exit	이머전시 엑싣
위생봉투	Airsickness bag	에어씨크니스 백
일반석	Economy class	이코노미 클래스

신체

눈	Eye	아이
눈썹	Eyebrow	아이브라우
눈꺼풀	Eyelid	아이리드
얼굴	Face	페이스
손바닥	Palm	팜
손가락	Finger	핑거
머리카락	Hair	헤어
손	Hand	핸드
머리	Head	헤드
심장	Heart	하아트
뒤꿈치	Heel	힐
엉덩이	Hip	힙
턱	Jaw	조
무릎	Knee	니
뼈	Bone	본
볼(뺨)	Cheek	칙
입술	Lip	립
입	Mouth	마우스
손톱	Fingernail	핑거네일
목	neck	넥
코	nose	노우즈
갈빗대	Rib	립

어깨	Shoulder	숄더
위	Stomach	스터먹
치아	Tooth	투스
목구멍	Throa	스로트
발가락	Toe	토우
발톱	Toenail	토네일
발목	Antle	앵클
허리	Waist	웨이스트
손목	Wrist	리스트
발바닥	Sole	쏠
큰창자	Large intestine	라지 인테스틴
작은창자	Small intestine	스몰 인테스틴
항문	anus	애누스
방광	Qall bladder	골 블래더
신장	Kidney	키드니
간	Liver	리버
비장	Spleen	스플린
부신	Adrenal	애드레널
폐	Lung	렁
뇌	Brain	브레인
두개골	Skull	스컬
귀	Ear	이어
혀	Tongue	텅
눈동자	Pupil	푸필
가슴	Breast	브레스트
배	Belly	벨리

등	Back	백
팔	Arm	암
허벅지	Tight	타이
자궁	Uterus	유터러스
전립선	Prostate	프로스테이트
척추	Spine	스파인
신경	Nerve	너브
동맥	Artery	아테리
정맥	Vein	베인

동물·곤충

메뚜기	Locust	로커스트
생쥐	Mice /akdntm	마이스 / 마우스
타조	Ostrich	오스트리치
부엉이	Owl	아울
암소	Cow	카우
참새	Sparrow	스패로우
앵무새	Parrot	패럿
공작	Peacock	피칵
펭귄	Penguin	펭귄
비둘기	Pigeon	피전
돼지	Pig	피그
토끼	Rabbit	래빗
들쥐	Rat	랫
양	Sheep	쉽
거미	Spider	스파이더
다람쥐	Squirel	스쿼럴
백조	Swan	스완
제비	Swallow	스왈로우
사자	Tiger	타이거
칠면조	Turkey	터어키
고래	Whale	웨일
이리	Wolf	울프

지렁이	Worm	웜
얼룩말	Zebra	지브러
고양이	Cat	캣
악어	Crowdile	크라커다일
개	Dog	도그
원숭이	Monkey	멍키
뱀	Snake	스네이크
사슴	Deer	디어
암탉	Hen	헨
당나귀	Donkey	덩키
돌고래	Dolphin	달핀
곰	Bear	베어
수소	Ox / Bull	악스 / 불
딱정벌레	Bug	버그
나비	Butterfly	버터플라이
비둘기	Dove	더브
용	Dragon	드래건
독수리	Eagle	이글
코끼리	Elephant	엘리펀트
개미	Ant	앤트
파리	Fly	플라이
박쥐	Bat	배트
개구리	Frog	프로그
염소	Goat	고우트
거위	Goose	구즈
말	Horse	호스

캥거루	Kangaroo	캥거루
어린양	Lamb	램
종달새	Lark	라크
사자	Lion	라이언

여행 중
꼭 필요한
필수 영어사전 2

| 영한사전 | dictionary | 딕셔너리 |

ㄱ

가게	store / shop	스토어 / 샵
가격	price / cost	프라이스 / 코스트
가까운, 가까이하다, 접근하다		
	nearby	니어바이
가깝다	near / close	니어 / 클로스
가끔	sometimes / often	썸타임즈 / 오픈
가난한	poor	푸어
가늘다	thin / slim	씬 / 슬림
가능성	possibility	파써빌러킈
가다	go	고우
가득찬	full	풀
가라앉다	sink	싱크
가로	street	스트리트
가로수, 길, 주요거리	auenue	애버뉴
가로질러	across	어크로스
가루	powder	파우더
가루약	powdered medicine	파우더드 메디신
가르치다	teach	티취
가르침	instruction	인스트럭션
가면, 복면	mask	매스크
가방	bag / suitcase	백 / 수트케이스
가볍다	light	라이트

가솔린	gasoline	개솔린
가수	singer	씽어
가슴	breast	브레스트
가슴앓이	heartburn	허트버언
가운데	middle / center	미들 / 센터
가위	scissors	씨저스
가장 가까운 역	the closest station	더 클로시스트 스테이션
가정	home	홈
가정 교사	tutor	튜터
가정용품	housewares	하우스웨어즈
가족	family	패밀리
가지, 줄기	branch	브랜취
가지고 오다	bring	브링
가지고 있다	keep	킵
가축	cattle	캐틀
가치	value	밸류
가치	worth	워스
간격	interval / term	인터벌 / 텀
간결한	brief	브리프
간단한	simple	씸플
간이침대차	couchette	쿠세트
간청(애원)하다	appeal	어필
간호사	nurse	너스
갈다, 빻다	grind	그라인드
갈색	brown	브라운
갈아타다	change / transfer	체인지 / 트랜스퍼
감기	cold	콜드

248

감기약	cold cure	콜드 큐어
감독	director	디렉터
감사하다, 고맙게 생각하다	thank	쌩크
감옥	jail	제일
감추다	hide	하이드
갑자기	suddenly	써든리
값이 비싸다	expensive	엑스펜시브
값이 싸다	cheap	칩
갓난아이	baby	베이비
강	river	리버
강당, 공연장	auditorium	오디토리엄
강도	robber	라버
강아지	puppy	퍼피
강의하다	lecture	렉처
강하다	strong	스트롱
같다	same	쎄임
갚다	pay back	페이 백
개	dog	도그
개관시간	opening hours	오프닝 아우어즈
개미	ant	앤트
개선하다	improve	임프루브
개인	person	퍼슨
개찰구	ticket gate	티킷 게이트
거대한	huge	휴지
거리	street	스트릿
거북이	turtle	터틀

거스름돈	change money	체인지 머니
거실	livingroom	리빙룸
거울	mirror	미러
거의 대부분	almost	올모스트
거절하다	reject	리젝트
거주자	resident	레지던트
거주하다	inhabit	인해빗
거품	bubble	버블
걱정	care	케어
건강	health	헬스
건널목	crossing	크로씽
건네다	give	기브
건물	building	빌딩
건배	cheers	치어스
건전지	dry cell / battery	드라이 셀 / 배터리
건축학	architecture	아키텍춰
걷다	walk	워크
걸다, 매달다	hang	행
검다	black	블랙
검사	inspection	인스펙션
검역	quarantine	콰런틴
게시판	board	보드
격언	proverb	프라버브
결과	result	리절트
결과, 호두	nut	너트
결석, 부재	absence	앱선스
결정하다	settle / determine	쎄틀 / 디터마인

결코 ~하지 않다	never	네버
결혼식	wedding	웨딩
결혼하다	marry	매리
겸손한	humble	험블
경계	border	보더
경고, 조심	caution	코션
경기장	stadium	스태디움
경보, 놀람	alarm	얼람
경비원	guard	가아드
경우, 사건	case	케이스
경적	horn	혼
경제	economy	이커노미
경찰관	police	폴리스
경찰서	police station	폴리스 스테이션
경치	view	뷰
계단	step / stairs	스텝 / 스테어즈
계란	egg	에그
계산서	bill	빌
계산하다	count	카운트
계약서	contract	컨트랙트
계절	season	씨즌
계좌	bank account	뱅크 어카운트
계획	plan	플랜
고고학	archaeology	아키올러쥐
고급	high class	하이 클래스
고기	fish	피시
고기	meat	미트

고무	gum / rudder	검 / 러버
고소(고발)하다	accuse	어큐즈
고속도로	highway	하이웨이
고속버스	express	익스프레스
고아	orphan	오펀
고양이	cat	캣
고열	hay fever	하이 피버
고장	out of order	아웃 어브 오더
고치다, 수선하다	repair	리페어
고통, 고뇌	agony	애거니
고통받다	suffer	서퍼
고향	home town	홈 타운
고혈압	high blood pressure	하이 블러드 프레져
곡류의	cereal	씨리얼
곡식	grain	그레인
곤란, 고생	trouble	트러블
곤충	insect	인섹트
곧장 앞으로 가다	go straight ahead	고우 스트레이트 어헤드
골동품	antique shop	앤티크 샵
골프	golf	골프
곰	bear	베어
곳	place	플레이스
공	ball	볼
공간	space	스페이스
공기	air	에어
공무원	official	오피셜

공사중	under construction	언더 컨스트럭션
공산주의	communism	커뮤니즘
공연	concert	컨서트
공원	park	파크
공중목욕탕	public bath	퍼블릭 배쓰
공중전화	public phone	퍼블릭 폰
공중화장실	lavatory	레버토리
공항	airport	에어포트
공항세	airport tax	에어포트 택스
과거의	past	패스트
과로하다	overwork	오버워크
과일	fruit	푸르트
과자	snack	스낵
과학	science	사이언스
관광	tour	투어
관광명소	famous spots	페이머스 스포츠
관광버스	tour bus	투어 버스
관광안내소	tourist information	투어리스트 인포메이션
관리하다	manage	매니지
광고(통치)하다	advertise	애드버타이즈
광선	beam	빔
광장	square	스퀘어
광천수	mineral water	미네럴 워터
괴롭히다	afflict	어프릭트
교과서	textbook	텍스트북
교대의, 번갈아서	alternate	올터넛
교사	teacher	티춰

교수	professor	프로페써
교실	classroom	클래스룸
교외	the suburbs	더 서버즈
교장	principal	프린시펄
교차점	intersection	인터섹션
교통규칙	traffic regulations	트래픽 레귤레이션
교통사고	car accident	카 액시던트
교통시설	transportation	트랜스퍼테이션
교통신호	traffic sign	트래픽 싸인
교환원	operator	오퍼레이터
교환하다	exchange	익스체인지
교회	church	쳐치
교훈, 학과	lesson	레슨
구급차, 응급차	ambulance	앰뷸런스
구두의, 구술의	oral	오럴
구매하다	purchase	퍼처스
구명정	lifeboat	라이프보트
구입하다	buy	바이
구출하다	rescue	레스큐
구토봉투	air-sickness bag	에어-씨니스 백
구하다	seek	씩
국가번호	national number	내셔널 넘버
국경역	frontier station	프론티어 스테이션
국경일	national holiday	내셔널 할리데이
국내선	inner rail	인너 레일
국도	national road	내셔널 로드
국수	noodles	누들즈

국적	nationality	내셔널리티
군대, 육군	army	아미
군인	soldier	쏠져
굽다, 익히다	bake	베이크
궁전	palace	팰리스
궤양	ulcer	얼써
귀	ear	이어
귀고리	earing	이어링
귀국	go home	고우 홈
귀금속	precious metals	프리셔스 메틀즈
귀머거리	deaf	데프
귀엽다	cute	큐트
귀중품	valuables	밸류어블스
귀중품보관소	strongroom	스트롱룸
규칙	rule	룰
그것	it	잇
그러므로	therefore	데어포
그런데	but	벗
그리다, 끌다	draw	드로
그림엽서	post card	포스트 카드
그림자	shadow	섀도우
그쪽	that side	댓 싸이드
그치다, 멈추다	cease / stop	시스 / 스탑
극장	theater	씨에터
근육	muscle	머슬
근처	near	니어
글자	letter	레터

금, 황금	gold	골드
금연석	non-smoking seat	넌스모킹 씻
금지하다	forbid / prohibit	퍼비드 / 프로히비트
급행열차	express	익스프레스
기간, 시대	period	피리어드
기계, 장치	machine	머신
기내반입휴대품	carry-on hand baggage	캐리-온 핸드 배기지
기내식	flight meal	플라이트 미일
기념우표	commemorative stamp	커메머러티브 스탬프
기념품가게	souvenir shop	수비니어 샵
기다리다	wait	웨이트
기도하다	pray	프레이
기독교신자	christian	크리스쳔
기름	oil	오일
기분	mood	무드
기쁘다	happy	해피
기쁨	joy	조이
기사, 조항, 논설	article	아티클
기성복	ready made	레디 메이드
기술, 기교	technique	테크닉
기어오르다	climb up	클라임 업
기온	temperature	템퍼레이쳐
기원	origin	오리진
기입하다	fill in	필 인
기자	reporter	리포터

기장	captain	캡틴
기저귀	diaper	다이아퍼
기적	miracle	미러클
기차	train	트레인
기초	base	베이스
기침	cough	커프
기타(악기)	guitar	기타
기혼	married	메리드
기회	chance	첸스
	opportunity	아퍼튜니티
기후	climate	클라이메이트
긴급	urgency	어전시
긴급통화	emergency call	이멀전시 콜
긴소매	long sleeve	롱 슬리브
길	road	로드
길다	long	롱
깊다	deep	딮
깡통따개	opener	오프너
깨끗하다	clean	클린
깨다	break	브레이크
깨닫다	realize	리얼라이즈
깨우다	awake	어웨이크
깨지기 쉽다	fragile	프레질
껌	gum	검
껍질을 벗기다	peel	필
껴안다	hug	허그
꽃	flower / blossom	플라워 / 블로썸

꽃병	vase	베이즈
꿀, 벌꿀	honey	허니
꿀벌	bee	비
꿈	dream	드림
끓다	boil	보일
끝내다	finish	피니쉬

ㄴ

나뭇잎	leaf	리프
나쁜	bad	배드
나이(연령)	age	에이쥐
나침판	compass	컴퍼스
날개	wing	윙
날다	fly	플라이 / 파리
날카로운	acute	어큐트
남자, 남성의	man / male	맨 / 메일
낭비하다	waste	웨이스트
낮잠	nap	냅
냄비	pan	팬
냉기	chill	칠
넓은	wide	와이드
넓은, 광대한	ample	앰플
노동	labor	레이버
노랑색	yellow	옐로우
노예	slave	슬레이브
노점, 매점	booth	부츠

노화	aging	에이징
논제	topic	토픽
놀라다	surprise / amaze	서프라이즈 / 어메이즈
농구	basketball	배스킷볼
농담	joke	조크
농부	farmer	파머
농업, 농학	agriculture	애그리컬쳐
높이, 고도	altitude	앨터튜드
놓다, 낳다	lay	레이
놓다, 두다	put	풋
놓치다	miss	미스
뇌, 두뇌	brain	브레인
누군가	anyone	에니원
누르다	press	프레스
눈물, 찢다	tear	티어
눈사람	snowman	스노우맨
느끼다	feel	필
능숙, 수완	skill	스킬

ㄷ

다른	other	어더
다른, 또 하나	another	어나더
다리	bridge	브릿지
다리(신체)	leg	레그
다시	again	어게인
다양하다	various	배리어스
다음	next	넥스트
다이아몬드	diamond	다이어몬드
다치게 하다	hurt	허트
닦다	polish	폴리쉬
단, 달콤한	sweet	스위트
단과대학	college / university	컬리쥐 / 유니버시티
단어	word	워드
단위	unit	유니트
단체	group	그룹
단체 기구	organization	오거니제이션
단추	button	버튼
단화	flatshoes	플랫슈즈
닫다	shut / close	셔트 / 클로즈
달	moon	문
달러	dollar	달러
달력	calendar	캘린더
달리다	run	런
닭	chicken	치킨
담배	cigarette	시가렛

담요	blanket	블랭킷
답하다	reply	리플라이
당근	carrot	캐럿
당기다	pull	풀
당뇨병	diabetes	다이어베티스
당신	you	유
당일 여행	day trip	데이 트립
당황하다, 수수께끼	puzzle	퍼즐
닻을 내리다	anchor	앵커
대나무	bamboo	뱀부
대답하다	answer	앤써
대리석	marble	마블
대리인, 대행자	agent	에이젼트
대망, 야심	ambition	앰비션
대사, 사절	ambassador	앰배서더
대사관	embassy	엠버씨
대서양의	atlantic ocean	애틀란틱 오션
대성당	cathedral	커씨드럴
대수도원	Abbey	애비
대양	ocean	오션
대중교통	public transportation 퍼블릭 트랜스퍼테이션	
대통령	president	프레지던트
대학생	university student	유니버시티 스튜던트
대합실	lounge / waiting room 라운지 / 웨이팅 룸	
더	more	모어

261

더럽다	dirty	더티
더하다	add	애드
덕, 미덕	virtue	버츄
던지다	throw	쓰루
덥다	hot	핫
덩어리, 미사	mass	매스
도끼	ax	액스
도달하다, 다다르다	reach	리치
도둑	thief	씨프
도망가다	run away	런 어웨이
도보	on foot	온 푸트
도보여행	hiking	하이킹
도서관	library	라이브러리
도서관원, 사서	librarian	라이브레리언
도시	city	시티
도자기	pottery	포터리
도중하차	stop over	스탑 오버
도착하다	arrive	어라이브
독감	influenza	인프루엔자
독신	single life	싱글 라이프
돈	money	머니
돌	stone	스토운
돌아가다	return	리턴
돌아오다	come back	컴 백
돌진하다	rush	러시
돕다	aid / help	에이드 / 헬프
동굴	cave	케이브

동급생	classmate	클래스메이트
동료	company	컴퍼니
동물	animal	애니멀
동물원	zoo	주
동반하다	accompany	어컴퍼니
동상(凍傷)	frostbite	프로스바이트
동상(像)	statue	스태튜
동양적	oriental	오리엔털
동의하다	agree	어그리
동쪽	east	이스트
돼지고기	pork	포크
되풀이하다	repeat	리피트
두껍다	thick	씩
두드러기	hives	하이브스
두통	headache	헤데크
둥글다	round	라운드
뒤	back / rear	백 / 리어
뒤뜰	backyard	백야드
드문, 진기한	rare	레어
듣다	hear / listen	히어 / 리슨
들어가다	enter	엔터
등	back	백
등기우편	registered mail	레지스터드 메일
등대	light house	라이트 하우스
등록하다	register	레지스터
등뼈	backbone	백본
등산	mountain climbing	마운틴 클라이밍

디저트	dessert	디저트
따뜻하다	warm	웜
딸	daughter	도터
땀	sweat	스웨트
땅	ground	그라운드
떠나다	leave	리브
떨어져서, 멀리	away	어웨이
떨어지다	fall down	폴 다운
또	again	어게인
똑똑 두드리다	knock	낙
뛰다	jump / run	점프 / 런
뜨거운 물	hot water	핫 워터
뜨겁다	hot	핫
뜨게질하다	knit	니트

ㄹ

라디오	radio	레디오
러시아워	rush hour	러쉬 아우어
럭비	rugby football	럭비 풋볼
레인코트	raincoat	레인코트
로비	lobby	로비
록 뮤직	rock music	록 뮤직
리허설	rehearsal	리허설
린스	conditioner	컨디셔너
립스틱	lipstick / rouge	립스틱 / 루즈

ㅁ

마감	closing	클로징
마루, 바닥	floor	플로
마른, 건조한	dry	드라이
마법, 마술	magic	매직
마스터 키	master key	마스터 키
마시다	drink	드링크
마을	village	빌리지
마지막	end / last	엔드 / 라스트
마차	horse and buggy	호스 앤 버기
막대기	bar / stick	바 / 스틱
막차	last car	라스트 카
만	bay	베이
만나다	meet	미트
만년필	fountain pen	파운틴 펜
만들다	make	메이크
만족하다	satisfy	쌔티스파이
만지다	touch	터취
많다	a lot / many / much	얼랏 / 메니 / 머취
많은	much	머취
말다툼	quarrel	쾌럴
말투, 사투리	accent	액센트
말하다	tell / speak	텔 / 스피크
맛	flavor	플레이버
맛없다	untasty	언테이스티

맛있다	delicious	딜리셔스
망설이다	hesitate	헤지테이트
망원경	telescope	텔리스코프
맞다(옷이)	fit	피트
맡기다	deposit	데파짓
매끄럽다	smooth	스무드
매듭	knot	낫
매우	very	베리
매진	sold out	솔드 아웃
매표창구	ticket window	티킷 윈도우
매혹하다	charm	참
맥박	pulse	펄스
맵다	hot / spicy	핫 / 스파이시
맹세, 서약	oath	오스
머리	head	헤드
머리카락	hair	헤어
머물다	stay	스테이
머플러	muffler	머플러
먹다	eat	이트
멀다	far	파
멈추다	stop	스탑
메뉴	menu	메뉴
메인 디시	main dish	메인 디쉬
면	cotten	코튼
면담, 면접	interview	인터뷰
면도기	razor	레이저
면도하다	shave	셰이브

면세점	duty-free shop	듀티프리 샵
면죄, 무죄, 인도	absolution	앱설루션
면허	license	라이선스
명상하다	meditate	메디테이트
명예	honor	아너
명품	fine article	파인 아티클
모기	mosquito	모스키토
모든	all / every	올 / 에브리
모래	sand	샌드
모양	shape	쉐이프
모자	hat	햇
모자라다	lack / short	랙 / 쇼트
모직물	wooden fabric	우든 패브릭
모텔	motel	모텔
모퉁이	corner	코너
모포	blanket	블랭킷
모피	fur	퍼
모험	advanture	어드벤쳐
목	neck	넥
목걸이	necklace	네클리스
목구멍	throat	쓰로트
목록	list	리스트
목소리	voice	보이스
목욕수건	bath towel	배쓰 타월
목이 마른	thirsty	서스티
목재	wood	우드
목적, 물체	object	아브직트

목적지	destination	데스티네이션
몫	share	셰어
몸	body	바디
몸살나다	suffer from fatigue	서퍼 프롬 퍼티그
못, 웅덩이	pool	풀
묘지	cemetery	세메테리
무거운 짐	burden	버든
무겁다	heavy	헤비
무게	weight	웨이트
무늬 없는	plain	플레인
무대	stage	스테이지
무덤	grave	그레이브
무도장	dance hall	댄스 홀
무료	no charge / free	노우 챠지 / 프리
무릎	knee	니
무서운	awful	오펄
무서워(두려워)하다	afraid	어프레이드
무시하다	ignore	이그노
무역	trade	트레이드
무지개	rainbow	레인보우
무효	void	보이드
묶음	bundle	번들
문	door	도어
문명	civilization	시빌리제이션
문제, 일	matter	매터
문지르다	scrub	스크러브
문학	liturature	리터러춰

문화유산	cultural heritage	컬처럴 헤리티지
묻다	stain	스테인
물	water	워터
물가	the shore	더 쇼어
물고기	fish	피쉬
물약	liquid medicine	리키드 메디신
물어보다	inquire	인콰이어
물품	goods	굳즈
뮤지컬	musical	뮤지컬
미끄러지다	slide	슬라이드
미남	handsome	핸썸
미래, 장래	future	퓨처
미술관, 화랑	art gallery	아트 갤러리
미안한	sorry	싸리
미용사	hairdresser / barber 헤어드레서 / 바버	
미지근하다	lukewarm	루크웜
미친	mad	매드
미혼	unmarried	언메리드
민박	private rental room 프라이베이트 랜털 룸	
민속공예숍	folkcraft shop	폭크래프트 샵
민속무용	folkdance	폭크댄스
민족	race / people	레이스 / 피플
민주주의	democracy	디마크러시
믿다	believe	빌리브
믿음	belief / faith	빌리프 / 페이스

밀	wheat	휘트
밀가루	flour	플라우어
밀다	push	푸쉬

ㅂ

바구니	basket	배스킷
바깥쪽	outside	아웃사이드
바꾸다	change	체인지
바느질하다	sew	소우
바늘	needle	니들
바다	sea / ocean	씨 / 오션
바닥	floor / bottom	플로어 / 버텀
바닷가	beach	비취
바닷가재	lobster	랍스터
바라보다	behold	비홀드
바람	wind	윈드
바로	just	저스트
바쁜	busy	비지
바지	trousers / pants	트라우져즈 / 팬츠
박람회	exhibition	익스히비션
박물관	museum	뮤지엄
박쥐	bat	베트
반(1/2)	half	하프
반갑다	welcome / glad	웰컴 / 글래드
반나절 관광	half day tour	하프 데이 투어
반대의	opposite	아퍼짓

반대쪽	other side	아더 싸이드
반대하다	object	오브젝트
반도(한반도)	peninsular	페닌슐러
반복하다	repeat	리피트
반지	ring	링
반창고	adhesive bandage	에히씨브 밴데쥐
반팔	short sleeve	쇼트 슬리브
반품하다	return goods	리턴 굳즈
받다	receive	리시브
발	foot	풋
발레	ballet	발레
발착일람표	schedule board	스케쥴 보드
발코니	balcony	밸커니
발행증명	record of checks	리코드 어브 첵스
발행하다, 결과	issue	이슈
밝다	bright / light	브라이트 / 라이트
밤	night	나이트
밤새	overnight	오버나이트
방	room	룸
방과 후	after school	애프터 스쿨
방법	way / method	웨이 / 메써드
방송하다	broadcast	브로드캐스트
방앗간	miller	밀러
방주	ark	아크
방해하다	disturb	디스터브
방향	direction	디렉션
배(과일)	pear	페어

271

배(복부)	belly / stomach	벨리 / 스토마크
배(선박)	ship / boat	쉽 / 보트
배경	background	백그라운드
배고프다	hungry	헝그리
배구	volley ball	발리볼
배달하다	deliver	딜리버
배우(연기자)	actor	액터
배우다	learn / study	런 / 스터디
배터리	battery	배터리
백모, 숙모	aunt	앤트
백합	lily	릴리
백화점	department store	디파트먼트 스토어
버릇없는, 무례한	impolite	임펄라이트
버스 정류장	bus stop	버스 스탑
버스 종점	bus terminal	버스 터미널
버스	bus	버스
번호	number	넘버
번화가	downtown	다운타운
벌금	fine / penalty	파인 / 페널티
벌써	already	얼레디
범위	extent / range	익스텐트 / 레인지
법률	law	로
법원, 법정	court	코오트
벗다	take off / slip off	테이크 오프 / 슬립 오프
베개	pillow	필로우
벤치	bench	벤취
벨트	belt	벨트

벽	wall	월
벽시계	clock	클락
변비	constipation	컨스티페이션
변호사, 대리인	attorney	어터니
변호사	lawyer	로우여
별	star	스타
별도요금	extra charge	엑스트라 챠지
별명	nickname	닉네임
병	bottle	바틀
병든, 아픈	ill	일
병따개	opener	오프너
병원	hospital	하스피틀
보내다	send	센드
보다	see / look	씨 / 룩
보석	jewel	주얼
보이다	show	쇼
보조열쇠	spare key	스페어 키
보증금	deposit / security money	디퍼짓 / 세큐리티 머니
보초, 망보기	guard	가아드
보통	common / ordinary	커먼 / 오디너리
보통의	usually	유주얼리
보험	insurance	인슈어런스
보호하다	preserve	프리저브
복도	corridor	코리더
복잡하다	complex	컴플렉스

복통	stomachache	스토머케이크
본적	permanent address	퍼머넌트 애드레스
봉사하다	serve	서브
봉투	envelope	엔벨로웁
봉황불	beacon	비컨
부가(첨부)하다	annex	어넥스
부끄러움	shame	셰임
부두	wharf	오프
부드럽다	soft / tender	소프트 / 텐더
부럽다	envy	엔비
부모	parent	패런트
부부	married couple	메리드 커플
부분	part / section	파트 / 쎅션
부속건물	annex building	어넥스 빌딩
부어오르다	swell	스웰
부엌	kitchen	키친
부유하다	rich	리치
부인	madam / wife	매담 / 와이프
부족하다	short / lack	쇼트 / 랙
부지런하다	diligent	딜리젼트
부치다	send / transmit	센드 / 트랜스미트
부탁하다	ask / request	애스크 / 리퀘스트
북쪽	north(ward)	노쓰(워드)
분, 잠깐	minute	미닛
분수	jet of water	젯 어브 워터
분실물센터	lost and found office	로스트 앤 파운드 오피스

분실증명서	thief report	씨프 리포트
분위기	atmosphere	애트모스피어
분장, 화장	make-up	메이컵
불	fire	파이어
불교	Buddhism	부디즘
불다(촛불을)	blow	블로우
불안하다	anxious	앵셔스
불친절한	unkind	언카인드
불타다	burn	버언
불편하다	uncomfortable	언컴포터블
불평하다	complain	컴플레인
붓다	pour	포오
붕대, 안대	bandage	밴디쥐
붙들다	catch	캐취
붙이다	attach / glue	어태치 / 글루
브래지어	brassiere	브러지어
브레이크	brake	브레이크
블라우스	blouse	블라우스
비	rain	레인
비거주자	non-resident	넌 레지던트
비교하다	compare	컴페어
비난하다	blame	블레임
비누	soap	소프
비디오	video	비디오
비상계단	emergency stairs	에멀전시 스테어즈
비상구	fire escape	파이어 에스케이프
비슷하다	like / similar	라이크 / 씨밀러

비어 있다	vacant	베이컨트
비옷	rain coat	레인코트
비우다	blank	블랭크
비자	visa	비자
비치다	shine	샤인
비행	flight	플라이트
비행기	airplane	에어플레인
비행기 편명	flight number	플라이트 넘버
빈 방	unoccupied room	언아큐파이드 룸
빈민가	backslum	백슬럼
빌딩	building	빌딩
빌려주다	lend	렌드
빌리다	borrow	바로우
빗	comb	콤
빙하	glacier	글래시어
빛, 가벼운	light	라이트
빛내다	brighten	브라이튼
빠뜨리다	omit	오미트
빨갛다	red / scarlet	레드 / 스칼릿
빨대	straw	스트로
빨리	quickly / fast	퀵클리 / 패스트
빵	bread	브레드
빵집	bakery	베이커리
빼기, 뺄셈	minus / subtraction	마이너스 / 섭트랙션
빼다	draw out	드로 아웃
뺨	cheek	취크
뼈	bone	본

뿌리	root	루트
삐다	sprain / twist	스프레인 / 트위스트

ㅅ

사거리	crossroad	크로스로드
사고	accident	액시던트
사과	apple	애플
사냥하다	hunt	헌트
사다	buy	바이
사다리	ladder	래더
사람들	people	피플
사랑하다	love	러브
사명, 전도	misson	미션
사무실	office	오피스
사용료	rental fee	렌털 피
사용하다	use	유즈
사원	temple	템플
사인	signature	씨그니춰
사자	lion	라이언
사장	president	프레지던트
사적지	historic place	히스토릭 플레이스
사전	dictionary	딕셔너리
사진	photo / picture	포토 / 픽츄어
사진첩, 앨범	album	앨범
사촌	cousin	커즌
사치	luxury	럭셔리

사환, 종	servant	서번트
사회	society	쏘싸이어티
삯	wage	웨이지
산, 신맛나는	acid	애씨드
산(山)	mountain	마운틴
산부인과 의사	gynecologist	가이니콜러지스트
산업, 공업	industry	인더스트리
산호	coral	코럴
살다	live	리브
살찐, 뚱뚱한	fat	팻
삼가다	abstain	업스테인
삼각형	triangle	트라이앵글
삼거리	three-forked road	쓰리포크드 로드
삼촌	uncle	엉클
상관	boss	보스
상단 침대	upper berth	어퍼 버스
상대방	other man	아더 맨
상상하다	image	이미지
상아	ivory	아이버리
상의	jacket	재킷
상인	merchant	머천트
상자	box	박스
상품, 상	prize	프라이즈
새	bird	버드
새롭다	new	뉴
새벽	dawn / daybreak	도온 / 데이브레이크
새집	nest	네스트

새해	new year	뉴 이어
색깔	color	칼러
샐러리맨	salary man	쌜러리 맨
샛길, 오솔길	alley	앨리
생각하다	think	씽크
생기다, 일어나다	happen	해펀
생리용품	sanitary items	쌔니터리 아이템스
생맥주	beer	비어
생명	life	라이프
생애, 이력	career	캐리어
생일	birthday	버스데이
샤워	shower	샤워
샴푸	shampoo	샴푸
서두르다	hurry up	허리 업
서류가방	briefcase	브리프케이스
서명	signature	시그너쳐
서비스	service	써비스
서점	bookstore	북스토어
서쪽	west	웨스트
서커스	circus	써커스
서행	go slow	고우 슬로우
석탄	coal	코울
선, 줄	line	라인
선물	present	프레즌트
선택	choice	쵸이스
선택하다	select	쎌렉트
선탠 로션	suntan lotion	선텐 로션

선편	sea mail	씨 메일
선풍기	electric fan	이렉트릭 펜
설명서	description	디스크립션
설명하다	explain	익스플레인
설사약	diarrhea remedy	다이어리어 레머디
설탕	sugar	슈거
섬	island	아일런드
성(城)	castle	캐슬
성(姓)	family name	패밀리 네임
성(性)	sex	쌕스
성경	Bible	바이블
성급한, 참을성 없는	impatient	임페이션트
성냥	match	매치
성장하다, 자라다	grow	그로우
성직자, 신부	priest	프리스트
세계	world	월드
세관검사	customs inspection	커스텀스 인스펙션
세관신고서	customs declaration	커스텀 디클러레이션
세균	bacteria	백테리어
세금	tax	택스
세면대	washbowl	워시보울
세수하다	wash face	워시 페이스
세제	detergent	디터전트
세탁기	washing machine	워싱 머신
세탁소	laundry	론드리
셔츠	shirt	셔츠
셔터	shutter	셔터

소개하다	introduce	인트러듀스
소고기	beef	비프
소금	salt	쏠트
소나무	pine tree	파인 트리
소녀	girl	걸
소년	boy	보이
소독	dressing	드레싱
소득	income / earning	인컴 / 어닝
소방서	firehouse / firestation	파이어하우스 / 파이어스테이션
소비자	consumer	컨슈머
소설	novel	나블
소수의	minor	마이너
소유하다	possess	퍼제스
소음	noise	노이즈
소지품	personal things	퍼스널 씽스
소파	sofa	소우퍼
소포	parcel	파슬
소풍	picnic	피크닉
소화불량	indigestion	인다이저스천
소화제	digestive medicine	다이제스티브 메디신
속달우편	special delivery mail	스페셜 딜리버리 메일
속력	speed	스피드
속옷	underwear	언더웨어
속이 빈	bare	베어
속하다	belong	빌롱

한국어	영어	발음
손	hand	핸드
손님, 방문객	guest / visitor	게스트 / 비지터
손목	wrist	리스트
손목시계	watch	와치
손바닥	palm	팜
손뼉을 치다	applaud	어플로드
손수레	cart	카트
손에 들다	hold	홀드
손자	grandchild	그랜차일드
손전등	flashlight	플래쉬라이트
손톱 깎기	nail clipper	네일 클리퍼
쇼핑	shopping	쇼핑
수건	towel	타월
수단	means	민즈
수도	capital	캐피틀
수리하다	repair	리페어
수면제	sleeping drug	슬리핑 드럭
수소(H)	hydrogen	하이드러전
수수료	commission	커미션
수술	operation	오퍼레이션
수신인	addressee	어드레시
수업	class	클래스
수염	mustache	머스태쉬
수영	swimming	스위밍
수영복	swimming suit	스위밍 수트
수영장	swimming pool	스위밍 풀
수입, 소득	income	인컴

수입하다	import	임포트
수족관	aquarium	어퀘어리엄
수첩	pocket notebook	파킷 노트북
수출하다	export	익스포트
수취인	receiver	리시버
수풀	bush	부쉬
수하물	baggage	배기지
수확	harvest	하비스트
숙녀	lady	레이디
숙모	aunt	앤트
숙박시키다	accommdate	어커머데이트
숙박하다	lodge	로쥐
숙부	uncle	엉클
순례자	pilgrim	필그림
술	alcoholic drink	앨코홀릭 드링크
숭배	adoration	어더레이션
숲	woods / forest	우즈 / 포리스트
쉽다	easy	이지
슈퍼마켓	supermarket	수퍼마킷
스웨터	sweater	스웨터
스위치	switch	스위치
스카치 테이프	scotch tape	스카치 테이프
스케이트	skate	스케이트
스타킹	stocking	스토킹
스튜어디스	stewardess	스튜어디스
슬립	slip	슬립
슬픔	grief / sorrow	그리프 / 쏘로우

습관	habit	해빗
습도	humidity	휴미디티
승객	passenger	페센저
승마	horseback riding	호스백 롸이딩
승인하다	approve	어프루브
시	poem	포임
시가	cigar	시가
시각표	timetable	타임테이블
시게 하다	acidify	애씨드파이
시계	clock	클락
시계, 바라보다	watch	와치
시골	country side	컨트리 싸이드
시끄럽다	noisy	노이지
시내전화	local call	로컬 콜
시내지도	city map	시티 맵
시도하다	attempt	어템트
시민, 국민	citizen	시티즌
시야(간격)	space / interval	스페이스 / 인터벌
시외통화	out-of-town-call	아웃 오브 타운 콜
시원하다	cool / refresh	쿨 / 리프레쉬
시작하다	start / begin	스타트 / 비긴
시장	mayor	메이어
시장(市場)	market	마킷
시차	time difference	타임 디퍼런스
시청	city hall	시티 홀
시트	sheet	쉬트
식당칸	dining car	다이닝 카

식료품점	grocery	그로서리
식물원	botanical garden	보테니칼 가든
식민지	colony	칼러니
식사	meal	미일
식욕을 돋우는 것	appetizer	애퍼타이저
식중독	food poisoning	푸드 포이즈닝
식초	vinegar	비니거
식탁	table	테이블
신경통	neuralgia	뉴우랠지어
신고하다	report	리포트
신문	newspaper	뉴스페이퍼
신부	bride	브라이드
신비, 비밀	mystery	미스터리
신사	gentleman	젠틀맨
신사복	suit	수트
신생아	infant	인펀트
신용카드	credit card	크레딧 카드
신청서	application form	어플리케이션 폼
신청자, 응모자	applicant	어플리컨트
신청하다	apply / request	어플라이 / 리퀘스트
신호	signal	시그널
신혼여행	honeymoon	허니문
실수	mistake	미스테이크
실패하다	fail	페일
실험하다	experiment	익스페리먼트
싫어하다	abominate / hate	어바머네이트 / 헤이트
심장	heart	하아트

쌀	rice	라이스
쌍둥이	twin	트윈
쌍안경	binocular	바이나큘러
썩다	decay	디케이
쓰다	write	롸잇
쓰레기	trash / garbage	트래쉬 / 가베지
쓰레기통	trash can	트래쉬 캔
씻다	wash	워시

ㅇ

1일관광	day tour	데이 투어
2인용실	twin room	트윈 룸
아기	baby	베이비
아기봐주는 사람	babysiter	베이비시터
아내	wife	와이프
아동복	children's wear	칠드런스 웨어
아들	son	썬
아래	under	언더
아름다운	beautiful / pretty	뷰티풀 / 프리티
아마도, 어쩌면	maybe	메이비
아버지	father	파더
아스피린	aspirin	애스피린
아이	child	차일드
아이스크림	ice cream	아이스 크림
아침 식사	breakfast	브랙퍼스트
아프다	ache / sick	에이크 / 씩

악마	devil	데블
악수	handshake	핸드세이크
안개	fog	포그
안경	glasses	글래씨즈
안내서	guide book	가이드 북
안내소	information bureau	인포메이션 뷰어로우
안내인	guide	가이드
안락, 평안	comfort	캄퍼트
안약	eyewash	아이워시
안전	safety	세이프티
안전요원	patrol man	패트롤 맨
앉다	sit	씻
알다	know	노우
알러지	allergy	앨러지
알리다, 공고하다	announce	어나운스
알약	pill	필
알약(정제)	tablet	태블렛
암, 암종	cancer	캔서
암기하다	memorize	메머라이즈
앞의, 앞에, 앞쪽	front	프론트
앞쪽에, 앞길에	ahead	어헤드
애인	girlfriend / boyfriend 걸프렌드 / 보이프렌드	
애정, 호의	affection	어팩션 / 포에버
애프터 서비스	after service	애프터 써비스
액세서리	accessories	액세서리
앨범	album	앨범

야간열차	night train	나잇 트레인
야구	baseball	베이스볼
야채	vegetable	베지터블
약	medicine	메디신
약국	pharmacy	파머시
약속	appointment	어포인트먼트
약속하다	promise	프라미스
약한	weak	윅
얇다	thin	씬
양, 수량	quantity	퀀터티
양고기	mutton	머튼
양극(+)	anode	애노우드
양념	spice	스파이스
양말	sacks	삭스
양배추	cabbage	캐비쥐
양복점	tailor	테일러
양부모	adopter	어답터
양초	candle	캔들
양털	wool	울
어깨	shoulder	숄더
어느 것	which	휘치
어느 쪽	which side	휘치 싸이드
어둡다	dark	다크
어디	where	훼어
어디든지	anywhere	에니훼어
어려운	hard	하아드
어렵다	difficult	디피컬트

어른	adult	어덜트
어리석은	foolish	플리시
어린이들	children	칠드런
어머니	mother	머더
어부	fisherman	피셔먼
어울리다	join	조인
어지럽다	dizzy	디지
어학연수	language training course	랭귀지 트레이닝 코스
언니	sister	시스터
언덕	hill	힐
언어	language	랭귀지
언제	when	휀
얻다	acquire	어콰이어
얻다	gain / get	게인 / 겟
얼굴	face	페이스
얼음	ice	아이스
업무, 사무	business	비지니스
엉덩이	buttocks	바탁스
에스컬레이터	escalator	에스컬레이터
엘리베이터	elevator	엘리베이터
여객선	passenger ship	패씬저 숲
여관	inn	인
여권	passport	패스포트
여기에	here	히어
여담	bytalk	바이토크
여러 가지	many	매니

여왕	queen	퀸
여행	journey	저니
	tour / travel	투어 / 트래블
여행사	travel agency	트래블 에이전시
여행자수표	traveler's checks	트래블러스 첵스
역	stations	스테이션
역사	history	히스토리
역시, 또한	also	올소우
역풍	backwind	백윈드
연극	play / drama	플레이 / 드라마
연기하다	be postponed	비 포스트폰드
	postpone	포스트폰
연설	speech	스피치
연습	practice	프랙티스
연장하다	extend	익스텐드
연착	delayed	딜레이드
연필	pencil	펜슬
연합, 협회	association	어소우시에이션
연회	banquet	뱅큇
연휴	consecutive holiday	컨서큐티브 홀리데이
열, 더위	fever / heat	피버 / 히트
열다	open	오픈
열망하다	aspire	어스파이어
열쇠	key	키
열쇠고리	key ring	키 링
열차	train	트레인

염증	inflammation	인플러메이션
엽서	postcard	포스트카드
영수증	receipt	리씨트
영웅	hero	히로우
영원히	forever	포레버
영한사전	dictionary	딕셔너리
영향, 감화	influence	인플루언스
영화	movie	무비
옆	by the side	바이 더 싸이드
예기(예상)하다	anticipate	앤티서페이트
예매	advance sale / booking	어드밴스 쎄일 / 북킹
예배하다	worship	워십
예비의, 여분의	spare	스페어
예쁘다	pretty	프리티
예산	budget	버짓
예수님	Jesus Christ	지저스 크라이스트
예술	art	아트
예술가	artist	아티스트
예약하다	reserve	리저브
예정	program	프로그램
오다	come	컴
오두막집	cabin	캐빈
오래되다	old	올드
오르다	ride	라이드
오른쪽	right side	롸이트 싸이드
오토바이	auto-bike	오토바이크

오해하다	misunderstand	미스언더스탠드
오후	noon	눈
온천	spa / hot spring	스파 / 핫 스프링
온화한	mild	마일드
올림픽	olympic	올림픽
옮기다	move	무브
옷	clothes	클로우즈
옷걸이	hanger	행어
완충기	buffer	버퍼
왕	king	킹
왕국	kindom	킹덤
왕복표	round ticket	라운드 티킷
왕자	prince	프린스
왜냐하면	because	비코즈
외국의, 외국인의, 외국인	alien / foreigner	에일리언 / 포리너
외로운, 쓸쓸한	lonely	론리
외출하다	go out	고우 아웃
왼쪽	left side	레프트 싸이드
요구하다	request	리퀘스트
요금	charge / fee / fare	챠지 / 피 / 페어
요리	cook	쿡
요즘	nowadays	나우어데이즈
요트	yachting	요팅
욕실	bathroom	배쓰룸
용감한	brave	브레이브

용서하다	pardon	파든
우물	well	웰
우산	umbrella	엄브렐러
우연히	by accident	바이 액시던트
우유	milk	밀크
우주의	universal	유니버설
우체국	post office	포스트 오피스
우편	mail	메일
우표	stamp	스템프
우회로	bypass	바이패스
운동, 동작	motion	모션
운동장	playground	플레이그라운드
운동화	sneakers / sports shoes	스니커즈 / 스포츠 슈즈
운전사	driver	드라이버
운전하다	drive	드라이브
울다	cry	크라이
울리다	ring	링
움직이다	move	무브
웃다	laugh / smile	래프 / 스마일
원, 고리	circle	써어클
원리	principle	프린시플
원수, 적	enemy	에니미
원인	cause	코즈
원자	atom	애텀
원피스	one-piece dress	원 피스 드레스
원하다	want	원트

월경	menstruation	멘스투루에이션
월드컵	world cup	월드 컵
웨이터	waiter	웨이터
웨이트리스	waitress	웨이트리스
위	upper	어퍼
위엄, 존엄	majesty	매지스티
위원회	committee	커미티
위장약	medicine for the stom	메디신 포 더 스텀
위치	position	퍼지션
위험	danger	데인저
유능한	capable	케이퍼블
유람선	excursion boat	익스커션 보트
유료	charge	챠지
유리	glass	글래스
유머, 익살	humor	휴머
유명	famous	페이머스
유세운동	campaign	캠페인
유원지	recreation ground	레크리에이션 그라운드
유적	ruins	루인즈
유제품	dairy product	데어리 프로덕트
유치원	kindergarten	킨더가튼
유혹	temptation	템테이션
육지	land	랜드
은퇴하다	retire	리타이어
은행	bank	뱅크
은혜, 은총	grace	그레이스

음식	food	푸드
음악	music	뮤직
음악가	musician	뮤지션
음악당	concert hall	콘써트 홀
응급처치	first aid	퍼스트 에이드
의견, 견해	opinion	어피년
의미, 뜻	meaning	미닝
의복	apparel	어패럴
의사	doctor	닥터
의사당	parliament	팔리어먼트
의식, 식전	ceremony	세레모니
의심하다	doubt	다우트
의자	chair	체어
의존하다	rely	릴라이
이(치아)	teeth	티쓰
이것	this	디스
이겨내다	overcome	오버컴
이기다	win	윈
이끌다	lead	리드
이끼	moss	모스
이득, 이익	benefit	베너핏
이루다, 성취하다	achieve	어취브
이륙	take off	테이크 오프
이른, 일찍	early	얼리
이름	name	네임
이미, 벌써	already	올레디
이발	haircut	헤어컷

한국어	영어	발음
이발사	barber	바버
이발소	barbershop	바버샵
이불	comforter	컴포터
이상하다	strange	스트레인지
이슬	dew	듀우
이쑤시개	toothpick	투스픽
이야기	story	스토리
이야기하다	tell / talk	텔 / 토크
이용하다	use	유즈
이유	reason	리즌
이쪽	this way	디스 웨이
이코노미 클래스	economy class	이코노미 클래스
이해력	apprehension	어프리헨션
인간의	human	휴먼
인공적인, 모조의	artificial	아티피셜
인구	population	파퓰레이션
인구조사	census	센서스
인내의, 환자	patient	페이션트
인도	foot way / side walk	풋웨이 / 사이드 워크
인상, 느낌	impression	임프레션
인정하다	acknowledge	어크날리쥐
인터넷	internet	인터넷
인형	doll	달
일	work	워크
일과	routine	루틴
일기	diary	다이어리

일기(날씨)	weather	웨더
일방통행	one-way	원 웨이
일어나다, 발생하다	arise	어라이즈
일어나다	get up	겟 업
일용품	daily necessities	데일리 니세서티즈
일출	sunrise	썬라이즈
읽다	read	리드
잃다	lose	루즈
임대료	rent	렌트
임대자전거	rental bike	렌털 바이크
임시보관소	temporary depository	템퍼러리 디퍼짓토리
임신	pregnancy	프레그넌시
입	mouth	마우스
입구	entrance	엔트런스
입국	entry into a country	엔트리 인투 어 컨트리
입다	wear	웨어
입석	standing room	스탠딩 룸
입장권	entrance ticket	엔트런스 티킷
입장료	entrance fee	엔트런스 피
입학서, 입장	admission	어드미션
잊다	forget	포겟

ㅈ

자, 지배자	ruler	룰러
자다	sleep	슬립
자동차	car	카
자동차보험	vehicle accident insurance	비히클 액시던트 인슈어런스
자랑하다	boast	보우스트
자러 가다	go to sleep	고우 투 슬립
자리	seat	씨트
자매	sisters	시스터즈
자명종	alarm clock	앨럼 클락
자물쇠	lock	락
자본가	capitalist	캐피털리스트
자비	mercy	머시
자서전	autograph	오터그래프
자석	magnet	매그닛
자애, 자비	charity / mercy	채러티 / 머시
자연	nature	네이춰
자유	leberty	리버티
	freedom	프리덤
자전거	bicycle	바이씨클
자존심	pride	프라이드
자주색	purple	퍼플
자치권, 자치단체	autonomy	오토너미
작다	small	스몰
작성하다	make	메이크

잔돈	change	체인지
잔디	lawn	론
잘, 글쎄	well	웰
잡다	catch	케취
잡지	magazine	매거진
장, 우두머리	chief	치프
장갑	glove	글러브
장관	minister	미니스터
장난감	toy	토이
장님	blind	블라인드
장미	rose	로즈
장소, 위치	place	플레이스
장애물	barrier	배리어
재, 담뱃재	ash	애쉬
재능, 재주	talent	탤런트
재떨이	ashtray	애쉬트레이
재료	material	머테리얼
재미있는 일	fun	펀
재미있다	enjoy	인조이
재발행하다	reissue	리이슈
재산	property	프라퍼티
재즈클럽	jazz club	째즈클럽
저녁 식사	dinner	디너
저자, 저술가	author	오써
저쪽	that way	댓 웨이
적성, 성질	aptitude	앱터투드
적응(순응)하다	adapt	어댑트

전갈	message	메시지
전구	tennis	테니스
전기	electricity	일렉트리시티
전등	electric lamp	일렉트릭 램프
전망이 좋다	have a good prospect 해브 어 굳 프러스펙트	
전보	telegram	텔리그램
전시회	exhibition	익스히비션
전에	ago	어고우
전염병	infectious diseases	인펙셔스 디지즈
전자제품	electric product	일렉트릭 프로덕트
전진하다	progress	프러그래스
전체	whole / all	홀 / 올
전체의, 모든	all	올
전투, 싸움	battle	배틀
전혀	at all	앳 올
전화	telephone	텔레폰
절반	half	해프
절하다	bow	바우
젊다	young	영
점	point / dot	포인트 / 닷
점심	lunch	런치
접수	requisition	리퀘지션
접시	dish	디쉬
젓가락	chopsticks	찹스틱스
정글	jungle	정글
정돈하다	arrange	어레인쥐

한국어	영어	발음
정렬, 정돈	alignment	얼라인먼트
정복하다	conquer	캉커
정부, 정치	government	거번먼트
정비공장	repair shop	리페어 샵
정식	fixed price menu	픽스트 프라이스 메뉴
정식의, 고유의	proper	프라퍼
정신의, 마음의	mental	멘틀
정원	garden	가든
정의, 공정	justice	저스티스
정의를 내리다	define	디파인
정직한	honest	아니스트
정치	politics	폴리틱스
정치의	politic	폴리틱
정확한	accurate	애큐러트
젖은	wet	웻
제단, 성찬대	altar	올터
제동을 걸다	brake	브레이드
제안(신청)하다	propose / suggest	프러포즈 / 서제스트
제자	pupil	퓨필
조각	piere	피스
조건	condition	컨디션
조금	bit / little	비트 / 리틀
조금밖에 없다, 거의 없다	few / little	퓨 / 리틀
조끼	vest	베스트
조사하다	research	리서치
조상, 선조	ancestor	앤세스터

조용하다	quiet	쿠와잇
조절(조정)하다	adjust	어져스트
조카(남)	nephew	네퓨
조카(여)	niece	니이스
조항, 항목	item	아이텀
조화, 일치	harmony	하머니
존경하다	respect	리스펙트
졸립다	sleepy	슬리피
졸업하다	graduate	그래주잇
좁다	narrow	내로우
종교	religion	릴리전
종류	kind / sort	카인드 / 쏘트
종이	paper	페이퍼
좋다	good	굳
좋아하다, ~와 같은	like	라이크
좌석번호	seat number	씨트 넘버
죄	sin	씬
죄없는	innocent	이너슨트
주교	bishop	비숍
주다	give	기브
주된, 대다수의	major	메이저
주로, 대개는	mainly	메인리
주머니	pocket	파킷
주문하다	order	오더
주부	housewife	하우스와이프
주사	injection	인젝션
주소	address	어드레스

주위에, 사방에	around	어라운드
주의, 게시	notice	노티스
주의, 집중	attention	어텐션
주의깊은	careful	케어펄
주인	owner	오너
주전자	kettle	케틀
주차금지	no parking	노파킹
주차장	parking lot	파킹 랏
주화	coin	코인
죽다	die	다이
죽음	death	데스
죽이다	kill	킬
준비하다	prepare	프리페어
줄, 열, 젓다	row	로우
중간	medium	미디엄
	middle	미들
중개, 대리점	agency	에이젼시
중국	china	차이나
중국어	chinese	차이니즈
중앙	center	센터
중앙의	middle	미들
중요한	important	임포턴트
즉시	instant / at once	인스턴트 / 앳 원스
즐거운	delightful	딜라이트풀
즐거움	pleasure	플레져
증명하다	attest / prove	어테스트 / 프루브
지갑	purse	퍼스

지구	earth	어스
지금	now	나우
지끈지끈하다	sting	스팅
지도	map	맵
지도자	leader	리더
지도책	atlas	애틀러스
지름길	shortcut	쇼트컷
지방	district / province	디스트릭 / 프러빈스
지배인	manager	매니저
지불하다	pay	페이
지붕	roof	루프
지식	knowledge	날레쥐
지역	area / region	에어리어 / 리젼
지역사회	community	커뮤니티
지옥	hell	헬
지우개	eraser	이레이서
지진	earthquake	어스퀘익
지키다	keep	킵
지팡이	cane	케인
지평선	horizon	허리즌
지하	underground	언더그라운드
지하철	subway	섭웨이
지혜	wisdom	위즈덤
지휘자	conductor	컨덕터
직업	job / occupation	잡 / 아큐페이션
직행	going direct	고잉 디렉트

한국어	영어	발음
진리	truth	트루스
진실한	sincere	신시어
진주	pearl	퍼얼
진흙	mud	머드
질문	question	퀘스천
질문하다, 묻다	ask	애스크
질투의	jealous	젤러스
짐	load / luggage	로드 / 러기지
짐, 싣다	load	로드
짐꼬리표	tag	태그
짐꾼	porter	포터
짐승	beast	비스트
집	house	하우스
짖다(개)	bark	바크
짧다	short	쇼트

ㅊ

차	tea	티
차다	kick	킥
찬물	cold water	콜드 워터
찬송가	hymn	힘
창가 자리	window seat	윈도우 씨트
창문	window	윈도우
찾다	look for	룩 포
채식주의자	vegetarian	베지테리언
채용(채택)하다	adopt	어답트

한국어	영어	발음
책	book	북
책갈피표	book mark	북 마크
책상	desk	데스크
처방전	prescription	프리스크립션
천국, 하늘	heaven	헤븐
천둥	thunder / lightening	썬더 / 라이트닝
천문학	astronomy	어스트로너미
천장	ceiling	씰링
천천히	slowly	슬로울리
철도	railroad	레일로드
철자	spelling	스펠링
첫차	first car	퍼스트 카
청각의	acoustic	어쿠스틱
청결	clean / neat	클린 / 니트
청구서	account	어카운트
청년기의(청춘의)	adolescent	애덜레슨트
청바지	jean	지인
청소	cleaning	클리닝
청중, 관중	audience	오디언스
체류기간	the length of stay	더 랭쓰 어브 스테이
체육, 체조	gymnastics	짐내스틱스
체육관	gym	짐
첼로	cello	첼로
초록색의	green	그린
초인종	bell	벨
초청(초대)하다	invite	인바이트

초콜릿	chocolate	쵸코릿
총	gun	건
총계의	total	토틀
총액, 총계	amount	어마운트
최고의, 최우수의	ace / best	에이스 / 베스트
최근	recently	리슨틀리
최근의	recent	리슨트
최대	largest	라쥐스트
최소	smallest	스몰리스트
최신	last	라스트
최신의	up-to-date	업 투 데이트
최초	beginning	비긴닝
추가(덧셈)	addition	어디션
추가하다	add	애드
추수감사절	thanksgiving day	쌩스기빙데이
추운	cold	콜드
추월금지	no passing	노 패씽
추측하다	guess	게스
축구	football	풋볼
축복하다, 축복	bless / blessing	블레스 / 블레씽
축제	festival	페스티벌
축하하다	congratulate / celebrate 컨고래출레이트 / 셀러브레이트	
출국	departure from a country 디파춰 프럼 어 컨트리	
출발하다	start	스타트
출석하다	attend	어텐드

출판하다	publish	퍼블리시
출현하다, 출혈	bleed / bleeding	블리드 / 블리딩
춤추다	dance	댄스
충격	shock	샥
충고하다	advise	어드바이즈
충돌하다	bump	밤
충실한, 성실한	faithful	페이스펄
취미	hobby	하비
취소	cancel	캔슬
취하다	adopt	어댑트
치과의사	dentist	덴티스트
치다	beat	비트
치료	cure	큐어
	remedy / heal	레미디 / 힐
치마	skirt	스커트
치수, 계량기	measure	메저
치약	toothpaste	투쓰페이스트
치통	toothache	투쓰에이크
친구	friend	프렌드
친절한	kind	카인드
칠판	blackboard	블랙보드
침대	bed	베드
침대칸	sleeping car	슬리핑 카
침례, 세례를 베풀다	baptize	뱁타이즈
칫솔	toothbrush	투스 브러쉬
칭찬(아첨)하다	adulate	애둘레이트

ㅋ

카드	card	카드
카메라	camera	캐머러
카세트 테이프	cassette tape	캐셑 테이프
칼	knife	나이프
캔맥주	can beer	캔 비어
커튼	curtain	커튼
커피	coffee	커피
컵	cup	컵
케이블 카	cable car	케이블 카
큰소리로, 소리내어	aloud / loudly	얼라우드 / 라우들리
케이크	cake	케이크
코	nose	노즈
코끼리	elephant	엘레펀트
콘돔	condom	콘돔
콜라	coke	코크
콩	bean	빈
퀴즈	quiz	퀴즈
크기	size	싸이즈
크다	big / large	빅 / 라지
크리스마스	christmas	크리스마스
큰	big / large	빅 / 라아쥐
키가 큰	tall	톨
키스	kiss	키스

ㅌ

타다	ride	라이드
타박상, 멍	bruise	브루즈
탁상시계	table clock	테이블 클락
탄산음료수	soda pop	소다 팝
탄생, 생일	birthday	버스데이
탄소	carbon	카본
탄식, 한숨	sigh	사이
탈것	transport	트랜스포트
탑	tower	타워
탑승게이트	boarding gate	보딩 게이트
탑승권	boarding card	보딩 카드
탑승대기실	departure lounge	디파춰 라운지
탑승하다	board / get on	보드 / 겟 온
태권도	Taekwondo	태권도
태도, 자세	attitude	애터튜드
태도	manner	매너
태만, 소홀	neglect	니글렉트
태양	sun	썬
태풍	typhoon	타이푼
택시승강장	taxi stand	택시 스탠드
택시	taxi / cab	택시 / 캡
턱	jaw	조
테이블	table	테이블
텔레비전	television	텔레비젼
통과하다	pass	패스

통구이(소, 돼지)	barbecue	바베큐
통로	passage	패씨즈
통로쪽 좌석	aise seat	아일 씨트
통신, 전달	communication	커뮤니케이션
통역관	interpreter	인터프리터
통증, 아픔	pain	페인
통행금지	road closed	로드 클로즈드
투표	vote	보트
트렁크	trunk	트렁크
특권	privilege	프리빌리지
특급열차	special express train 스페셜 익스프레스 트레인	
특산품	special product	스페셜 프로덕트
틀림없이	surely	슈얼리
티슈	tissue	티슈
팁	tip	팁

ㅍ

파괴하다, 부수다	destroy	디스트로이
파도	wave	웨이브
파란	blue	블루
파묻다	bury	베리
파산하다	bankrup	뱅크럽트
파열하다	burst	버스트
판결, 재판	judgement	저지먼트
팔, 무기	arm	암

팔다	sell	셀
팔찌	bracelet	브레이슬리트
팜플렛	pamphlet	팜플릿
팩스	fax	팩스
팬티	panties	팬티즈
편견	prejudice	프레주디스
편리한	convenient	컨비니언트
평균	average	애버리쥐
평수, 면적	acreage	에이커리쥐
평원	plateau	플래토우
평화, 평안	peace	피이스
폐허	ruin	루인
포도	grape	그레이프
포함하다	include	인클루드
폭포	waterfal	워터폴
폭풍우	storm	스톰
표면	surface	서피스
표준	standard	스탠더드
풀다, 늦추다	relax	릴랙스
풀	grass	그래스
품질	quality	퀄러티
풍경	landscape / scenery	
	랜드스케이프 / 씨너리	
풍부한, 많은	plenty	플렌티
풍선	baloon	벌룬
피, 혈액	blood	블러드
피곤한	tired	타이어드

피부	skin	스킨
피서지	summer resort	썸머 리조트
피임약	contraceptive pill	컨트러셉티브 필
피혁제품	leather articles	레더 아티클즈
필름	film	필름
필요한	necessary	네시세리
필적, 쓴것	handwriting	핸드라이팅
핑크색	pink	핑크

ㅎ

하녀	maid	메이드
하늘	sky	스카이
하루종일	all day	올 데이
하얀	white	와이트
하이킹	hiking	하이킹
학계	academia	애커데미어
학교	school	스쿨
학년, 등급	grade	그레이드
학문	learning	러닝
학생	student	스튜던트
학생요금	student fare	스튜던트 페어
학생증	student identification card	스튜던트 아이덴티피케이션 카드
학원, 협회	institution	인스티튜션
한국대사관	Korean embassy	코리언 엠버시
한국	Korean	코리언

한밤중	midnight	미드나이트
한 켤레	pair	페어
할 수 있다	can	캔
할머니	grandmother	그랜드마더
할 수 있다, 주다	afford	어포드
할아버지	grandfather	그랜드파더
할인하다	discount	디스카운트
합금하다	alloy	얼로이
합창	chorus	코러스
항공권	airline ticket	에어라인 티킷
항공우편	airmail	에어메일
항공운임	air fare	에어 페어
항공회사	airline	에어라인
항구	port / harbor	포트 / 하버
항상	always	올웨이즈
항생제	antibiotics	앤티바이오틱스
항해하다	sail	세일
해	year	이어
해결하다	resolve	리솔브
해군	navy	네이비
해마다의	annual	애뉴얼
해물요리	seafood	씨푸드
해바라기	sunflower	선플라워
해변	shore	쇼어
해부(학)	anatomy	어내터미
해외로	abroad	어브로드
핸드백	handbag	핸드백

햄버거	hamburger	햄버거
행동하다	behave	비해브
행복한	happy	해피
행사	event	이벤트
행선지	destination	데스티네이션
행운의	lucky	럭키
행하다	act	액트
향수	perfume	퍼퓸
향수병	homesick	홈씩
향유	balm	밤
허락(허가)하다	allow	얼라우
	permit	퍼밋
허락하다	admit	어드미트
허리	waist	웨이스트
허벅지	thigh	타이
헝겊	rag	래그
혀	tongue	텅
현금	cash	캐쉬
현대의	modern	모던
현명한	wise	와이즈
현미경	microscope	마이크러스코프
현장 부재증명	alibi	앨버바이
혈액형	blood type	블러드 타입
협정, 계약	agreement	어그리먼트
형	old brother	올드 브라더
형, 양식	type	타입
형제	brothers	브라더즈

315

형태, 꼴	form / shape	폼 / 새잎
호박	amber	앰버
호수	lake	레이크
호텔	hotel	호텔
호흡하다(숨쉬다)	breath	브리드
혼자	one person / alone	원 퍼슨 / 얼론
혼합하다	blend / mix	블렌드 / 믹스
홍수	flood	플러드
화산	volcano	볼케노
화살	arrow	애로우
화장실	restroom	레스트룸
화장지	toilet paper	토일릿 페이퍼
화장품	make-up / cosmetic	메이컵 / 코스메틱
확대하다	amplify	앰플러파이
확실한	certain	써튼
확언하다	affirm	어펌
환경	environment	인바이런먼트
환불	refund	리펀드
환승	transfer	트랜스퍼
환영, 인사	greeting / welcome	그리팅 / 웰컴
환율	exchange rate	익스체인지 레이트
환전소	exchange office	익스체인지 오피스
환전하다	exchange	익스체인지
환호, 갈채	chear	치어
환호하다	acclaim	어클레임

활기	vigor	비거
황소	cow	카우
황혼	twilight	트일라이트
회사원	businessman / clerk	비지니스 맨 / 클럭
회사	company	컴퍼니
회색	gray	그레이
회원증	membership card	멤버쉽 카드
회의, 회합	meeting	미팅
회전목마	merry-go-round	메리고우라운드
회화	conversation	컨버세이션
횡단보도	crosswalk	크로스웍크
후면, 뒤에	back / behind	백 / 비흐-인드
후에, 뒤에	after	애프터
후회하다	regret	리그렛
훌륭한	nice / excellent	나이스 / 엑셀런트
훔치다	steal	스틸
휘젓다, 흔들다	agitate	애쥐테이트
휘파람	whistle	휘슬
휴가	vacation	베이케이션
휴게소	resting place	레스팅 플레이스
휴대품보관소	cloakroom	클로우크 룸
휴식시간	intermission	인터미션
휴양지	resort	리조트
휴일	holiday	헐리데이
흉내내다	initate	이미테이트
흔들다	shake	세이크

317

흡수하다	absorb	업소브
흡연실	smoking room	스모킹 룸
흥미를 갖다	interest	인터리스트
희망	hope	호프
힘입다	owe	오우
힘	force / power	포스 / 파워

가림출판사
가림M&B
가림Let's
} 에서 나온 책들

문 학

바늘구멍
켄 폴리트 지음 / 홍영의 옮김

신국판 / 342쪽 / 5,300원

레베카의 열쇠
켄 폴리트 지음 / 손연숙 옮김

신국판 / 492쪽 / 6,800원

암병선
니시무라 쥬코 지음 / 홍영의 옮김

신국판 / 300쪽 / 4,800원

첫키스한 얘기 말해도 될까
김정미 외 7명 지음

신국판 / 228쪽 / 4,000원

사미인곡 上·中·下
김충호 지음

신국판 / 각 권 5,000원

이내의 끝자리
박수완 스님 지음

국판변형 / 132쪽 / 3,000원

너는 왜 나에게 다가서야 했는지
김충호 지음

국판변형 / 124쪽 / 3,000원

세계의 명언
편집부 엮음

신국판 / 322쪽 / 5,000원

여자가 알아야 할 101가지 지혜
제인 아서 엮음 / 지창국 옮김

4×6판 / 132쪽 / 5,000원

현명한 사람이 읽는 지혜로운 이야기
이정민 엮음

신국판 / 236쪽 / 6,500원

성공적인 표정이 당신을 바꾼다
마츠오 도오루 지음 / 홍영의 옮김

신국판 / 240쪽 / 7,500원

태양의 법
오오카와 류우호오 지음 / 민병수 옮김

신국판 / 246쪽 / 8,500원

영원의 법
오오카와 류우호오 지음 / 민병수 옮김

신국판 / 240쪽 / 8,000원

석가의 본심
오오카와 류우호오 지음 / 민병수 옮김

석가모니의 사고방식을 현대인들에 맞게 써 현대인들이 친근하게 석가모니에게 다가설 수 있게 한 불교 가이드서.
신국판 / 246쪽 / 10,000원

옛 사람들의 재치와 웃음
강형중·김경익 편저

옛 사람들의 재치와 해학을 통해 한문의 묘미를 터득하고 한자를 재미있게 배우며 유머감각까지 높일 수 있는 일석삼조의 효과 만점. 신국판 / 316쪽 / 8,000원

지혜의 쉼터
쇼펜하우어 지음 / 김충호 엮음

4×6판 양장본 / 160쪽 / 4,300원

헤세가 너에게
헤르만 헤세 지음 / 홍영의 엮음

4×6판 양장본 / 144쪽 / 4,500원

사랑보다 소중한 삶의 의미
크리슈나무르티 지음 / 최윤영 엮음

신국판 / 180쪽 / 4,000원

장자-어찌하여 알 속에 털이 있다 하는가
홍영의 엮음

4×6판 / 180쪽 / 4,000원

논어-배우고 때로 익히면 즐겁지 아니한가
신도희 엮음

4×6판 / 180쪽 / 4,000원

맹자-가까이 있는데 어찌 먼 데서 구하려 하는가
홍영의 엮음

4×6판 / 180쪽 / 4,000원

아름다운 세상을 만드는 사랑의 메시지 365
DuMont monte Verlag 엮음 / 정성호 옮김

독일에서 출간 이후 1백만 권 이상 판매된 베스트셀러. 특별히 소중한 사람을 행복하게 만드는 독창적인 사랑고백법 365가지를 수록한 마음이 따뜻해지는 책.

4×6판 변형 양장본 / 240쪽 / 8,000원

황금의 법
오오카와 류우호오 지음 / 민병수 옮김

불법진리의 연구 및 공부를 통하여 종교적 깨달음의 깊이를 더해 주는 불서.

신국판 / 320쪽 / 12,000원

왜 여자는 바람을 피우는가?
기젤라 룬테 지음 / 김현성 · 진정미 옮김

각계 각층의 여자들과의 인터뷰를 바탕으로 하여 여자들이 바람 피우는 이유를 진솔하게 해부한 여성 탐구서.

국판 / 200쪽 / 7,000원

건 강

식초건강요법
건강식품연구회 엮음 / 신재용(해성한의원 원장) 감수

가장 쉽게 구할 수 있고 경제적인 식품이면서 상상할 수 없을 정도로 뛰어난 약효를 지닌 식초의 모든 것을 담은 건강지침서! 신국판 / 224쪽 / 6,000원

아름다운 피부미용법
이순희(한독피부미용학원 원장) 지음

피부조직에 대한 기초 이론과 우리 몸의 생리를 알려줌으로써 아름다운 피부, 젊은 피부를 오래 유지할 수 있는 비결 제시!

신국판 / 296쪽 / 6,000원

버섯건강요법
김병각 외 6명 지음

종양 억제율 100%에 가까운 96.7%를 나타내는 기적의 약용버섯 등 신비의 버섯을 통하여 암을 치료하고 비만, 당뇨, 고혈압, 동맥경화 등 각종 성인병 예방을 위한 생활 건강 지침서! 신국판 / 286쪽 / 8,000원

성인병과 암을 정복하는 유기게르마늄
이상현 편저 / 캬오 샤오 감수

최근 들어 각광을 받고 있는 새로운 치료제인 유기게르마늄을 통한 성인병, 각종 암의 치료에 대해 상세히 소개.

신국판 / 312쪽 / 9,000원

난치성 피부병
생약효소연구원 지음

현대의학으로도 치유불가능했던 난치성 피부병인 건선 · 아토피(태열)의 완치요법이 수록된 건강 지침서.

신국판 / 232쪽 / 7,500원

新 방약합편
정도명 편역

자신의 병을 알고 증세에 맞춰 스스로 처방을 할 수 있고 조제할 수 있는 보약 506가지 수록. 신국판 / 416쪽 / 15,000원

자연치료의학
오홍근(신경정신과 의학박사 · 자연의학박사) 지음

대한민국 최초의 자연의학박사가 밝힌 신비의 자연치료의학으로 자연산물을 이용하여 부작용 없이 치료하는 건강 생활 비법 공개!! 신국판 / 472쪽 / 15,000원

약초의 활용과 가정한방
이인성 지음

주변의 흔한 식물과 약초를 활용하여 각종 질병을 간편하게 예방 · 치료할 수 있는 비법제시. 신국판 / 384쪽 / 8,500원

역전의학
이시하라 유미 지음 / 유태종 감수

일반상식으로 알고 있는 건강상식에 대해 전혀 새로운 관점에서 비판하고 아울러 새로운 방법들을 제시한 건강 혁명 서적!!
신국판 / 286쪽 / 8,500원

이순희식 순수피부미용법
이순희(한독피부미용학원 원장) 지음

자신의 피부에 맞는 관리법으로 스스로 피부관리를 할 수 있는 방법을 제시하고 책 속 부록으로 천연팩 재료 사전과 피부 타입별 팩 고르기. 신국판 / 304쪽 / 7,000원

21세기 당뇨병 예방과 치료법
이현철(연세대 의대 내과 교수) 지음

세계 최초 유전자 치료법을 개발한 저자가 당뇨병과 대항하여 가장 확실하게 이길 수 있는 당뇨병에 대한 올바른 이론과 발병시 대처 방법을 상세히 수록!
신국판 / 360쪽 / 9,500원

신재용의 민의학 동의보감
신재용(해성한의원 원장) 지음

주변의 흔한 먹거리를 이용하여 신비의 명약이나 보약으로 활용할 수 있는 건강 지침서로서 저자가 TV나 라디오에서 다 밝히지 못한 한방 및 민간요법까지 상세히 수록!! 신국판 / 476쪽 / 10,000원

치매 알면 치매 이긴다
배오성(백상한방병원 원장) 지음

B.O.S.요법으로 뇌세포의 기능을 활성화시키고 엔돌핀의 분비효과를 극대화시켜 증상에 맞는 한약 처방을 병행하여 치매를 치유하는 획기적인 치유법 제시.
신국판 / 312쪽 / 10,000원

21세기 건강혁명 밥상 위의 보약 생식
최경순 지음

항암식품으로, 다이어트식으로, 젊고 탄력적인 피부를 유지할 수 있게 해주는 자연식으로의 생식을 소개하여 현대인들의 건강 길라잡이가 되도록 하였다.
신국판 / 348쪽 / 9,800원

기치유와 기공수련
윤한홍(기치유 연구회 회장) 지음

누구나 노력만 하면 개발할 수 있고 활용할 수 있는 기 수련 방법과 기치유 개발 방법 소개. 신국판 / 340쪽 / 12,000원

만병의 근원 스트레스 원인과 퇴치
김지혁(김지혁한의원 원장) 지음

만병의 근원인 스트레스를 속속들이 파헤치고 예방법까지 속시원하게 제시!!
신국판 / 324쪽 / 9,500원

김종성 박사의 뇌졸중 119
김종성 지음

우리나라 사망원인 1위. 뇌졸중 분야의 최고 권위자인 저자가 일상생활에서의 건강 관리부터 환자간호에 이르기까지 뇌졸중의 예방, 치료법 등 모든 것 수록.
신국판 / 356쪽 / 12,000원

탈모 예방과 모발 클리닉
장정훈 · 전재홍 지음

미용적인 측면과 우리가 일상적으로 고민하고 궁금해 하는 털에 관한 내용들을 다양하고 재미있게 예들을 들어가면서 흥미롭게 풀어간 것이 이 책의 특징.

신국판 / 252쪽 / 8,000원

구태규의 100% 성공 다이어트
구태규 지음

하이틴 영화배우의 다이어트 체험서. 저자만의 다이어트법을 제시하면서 바람직한 다이어트에 대해서도 알려준다. 건강하게 날씬해지고 싶은 사람들을 위한 필독서! 4×6배판 변형 / 240쪽 / 9,900원

암 예방과 치료법
이춘기 지음

암환자와 가족들을 위해서 암의 치료방법에서부터 합병증의 예방 및 암이 생기기 전에 알 수 있는 방법에 이르기까지 상세하게 해설해 놓은 책.
신국판 / 296쪽 / 11,000원

알기 쉬운 위장병 예방과 치료법
민영일 지음

소화기관인 위와 관련 기관들의 여러 질환을 발병 원인, 증상, 치료법을 중심으로 알기 쉽게 해설해 놓은 건강서.
신국판 / 328쪽 / 9,900원

이온 체내혁명
노보루 야마노이 지음 / 김병관 옮김

새로운 건강관리 이론으로 주목을 받고 있는 음이온을 통해 건강을 돌볼 수 있는 방법 제시. 신국판 / 272쪽 / 9,500원

어혈과 사혈요법
정지천 지음

침과 부항요법 등을 사용하여 모든 질병을 다스릴 수 방법과 우리 주변에서 흔하게 접할 수 있는 각 질병의 상황별 처치를 혈자리 그림과 함께 해설.
신국판 / 308쪽 / 12,000원

약손 경락마사지로 건강미인 만들기
고정환 지음

경락과 민족 고유의 정신 약손을 결합시킨 약손 성형경락 마사지로 수술하지 않고도 자신이 원하는 부위를 고치는 방법을 제시하는 건강 미용서.
4×6배판 변형 / 284쪽 / 15,000원

정유정의 LOVE DIET
정유정 지음

널리 알려진 온갖 다이어트 방법으로 살을 빼려고 노력했던 저자의 고통스러웠던 다이어트 체험담이 실려 있어 지금 살 때문에 고민하는 사람들이 가슴에 와 닿는 나만의 다이어트 계획을 나름대로 세울 수 있을 것이다.
4×6배판 변형 / 196쪽 / 10,500원

머리에서 발끝까지 예뻐지는 부분다이어트
신상만 · 김선민 지음

한약을 먹거나 침을 맞아 살을 빼는 방법, 아로마요법을 이용한 다이어트법, 운동을 이용한 부분만이 해소법 등이 실려 있으므로 나에게 맞는 방법을 선택해 날씬하고 예쁜 몸매를 만들 수 있을 것이다.
4×6배판 변형 / 196쪽 / 11,000원

알기 쉬운 심장병 119
박승정 지음

서울아산병원 심장 내과에 있는 저자가 심장병에 관해 심장질환이 생기는 원인, 증상, 치료법을 중심으로 내용을 상세하게 해설해 놓은 건강서.

신국판 / 248쪽 / 9,000원

알기 쉬운 고혈압 119
이정균 지음

생활 속의 고혈압에 관해 일반인들이 관심을 가지고 예방할 수 있도록 고혈압의 원인, 증상, 합병증 등을 상세하게 해설해 놓은 건강서. 신국판 / 304쪽 / 10,000원

여성을 위한 부인과질환의 예방과 치료
차선희 지음

남들에게는 말할 수 없는 증상들로 고민하고 있는 여성들을 위해 부인암, 골다공증, 빈혈 등 부인과질환을 원인 및 치료방법을 중심으로 설명한 여성건강 정보서.

신국판 / 304쪽 / 10,000원

알기 쉬운 아토피 119
이승규 · 임승엽 · 김문호 · 안유일 지음

감기처럼 흔하지만 암만큼 무서운 아토피 피부염의 원인에서부터 증상, 치료방법, 임상사례, 민간요법을 적용한 환자들의 경험담 등 수록. 신국판 / 232쪽 / 9,500원

120세에 도전한다
이권행 지음

아프지 않고 건강하게 오래 살기를 바라는 현대인들에게 우리 체질에 맞는 식생활습관, 심신 활동, 생활습관, 체질별 · 나이별 양생법을 소개. 장수하고픈 독자들의 궁금증을 풀어줄 것이다.

신국판 / 308쪽 / 11,000원

건강과 아름다움을 만드는 요가
정판식 · 노진이 지음

책을 보고서 집에서 혼자서도 할 수 있는 요가법 수록. 각종 질병에 따른 요가 수정체조법도 담았으며, 별책 부록으로 한눈에 보는 요가 차트 수록.
4×6배판 변형 / 224쪽 / 14,000원

우리 아이 건강하고 아름다운 롱다리 만들기
김성훈 지음

키 작은 우리 아이를 롱다리로 만드는 비법공개. 식사습관과 생활습관만의 변화로도 키를 크게 할 수 있으므로 키 작은 자녀를 둔 부모의 고민을 해결해 준다.
대국전판 / 236쪽 / 10,500원

교 육

우리 교육의 창조적 백색혁명
원상기 지음

자라나는 새싹들이 기본적인 지식과 사고를 종합적·창조적으로 발전시켜 창조적인 사고능력을 배양할 수 있도록 한 교육지침서. 신국판 / 206쪽 / 6,000원

현대생활과 체육
조창남 외 5명 공저

각종 현대병의 원인과 예방 및 운동요법에 대한 이론과 요즘 각광받는 골프·스키·볼링 등의 레저스포츠 총망라한 생활체육 총서. 신국판 / 340쪽 / 10,000원

퍼펙트 MBA
IAE유학네트 지음

기존의 관련 도서들과는 달리 Top MBA로 가는 길을 상세하고 완벽하게 수록. 가장 완벽하고 충실한 최신 정보 제공.
신국판 / 400쪽 / 12,000원

유학길라잡이 Ⅰ-미국편
IAE유학네트 지음

미국의 교육제도 및 유학을 가기 위해서 준비해야 할 절차, 미국 현지 생활 정보, 최신 비자정보 등을 한눈에 볼 수 있는 유학길잡이. 4×6배판 / 372쪽 / 13,900원

유학길라잡이 Ⅱ - 4개국편
IAE유학네트 지음

영어권 국가인 영국·캐나다·호주·뉴질랜드의 현지 정보·교육제도 및 각 국가별 학교의 특화된 교육내용 완전 수록!!
4×6배판 / 348쪽 / 13,900원

조기유학길라잡이.com
IAE유학네트 지음

영어권으로 나이 어린 자녀를 유학보내기 위해 준비중인 학부모 및 준비생들이 반드시 읽어야 할 필독서!!
영어권 나라의 교육제도 및 학교별 데이터를 완벽하게 수록하여 유학정보서의 질을 한 단계 상승시킨 결정판!!
4×6배판 / 428쪽 / 15,000원

현대인의 건강생활
박상호 외 5명 공저

현대인들의 건강한 삶을 위한 사회체육의 중요성을 강조. 건강과 체력 증진을 위한 기본상식, 노인과 건강 등 이론과 스쿼시·스키·윈드 서핑 등 레저스포츠 등의 실기편으로 이루어진 알찬 내용 수록.

4×6배판 / 268쪽 / 15,000원

천재아이로 키우는 두뇌훈련
나카마츠 요시로 지음 / 민병수 옮김

머리가 좋은 아이로 키우기 위한 환경 만들기, 식사, 운동 등 연령별 두뇌 훈련법 소개. 국판 / 288쪽 / 9,500원

테마별 고사성어로 익히는 한자
김경익 지음

세글자, 네글자로 이루어진 고사성어를 통해 실용한자를 익히고 성어 속에 담긴 의미도 오늘에 맞게 재해석 해보는 한자 학습서. 4×6배판 변형 / 248쪽 / 9,800원

生생 공부비법
이은승 지음

국내 최초 수학과의 수출의 주인공 이은승이 개발한 자기만의 맞춤식 공부학습법 소개. 공부도 하는 법을 알면 목표를 달성할 수 있다고 용기를 북돋우어 주는 실전 공부 비법서. 신국판 변형 / 272쪽 / 9,500원

취미·실용

김진국과 같이 배우는 **와인의 세계**
김진국 지음

포도주 역사에서 분류, 원료 포도의 종류와 재배, 양조·숙성·저장, 시음법, 어울리는 요리와 와인의 유통과 소비, 와인 시장의 현황과 전망, 와인 판매 요령, 와인의 보관과 재고의 회전, '와인 양조 비밀의 모든 것'을 동영상으로 제작한 CD까지, 와인의 모든 것이 담긴 종합학습서. 국배판 변형 양장본(올 컬러판) / 208쪽 / 30,000원

경제·경영

CEO가 될 수 있는 성공법칙 101가지
김승룡 편역

또 한 번의 경제위기를 겪고 있는 우리의 현실을 극복하고 일어설 수 있는 리더로서의 역할과 책임에 대한 명확한 해답을 제시해 줄 것이다. 신국판 / 320쪽 / 9,500원

정보소프트
김승룡 지음

홍수처럼 쏟아지는 정보를 수집·분석하여 효과적으로 활용하는 방법을 총망라한 정보 전략 완벽 가이드!!
신국판 / 324쪽 / 6,000원

기획대전
다카하시 겐코 지음 / 홍영의 옮김

기획에 관련된 모든 사항을 실례와 도표를 통하여 초보자에서 프로기획맨에 이르기까지 효율적으로 활용할 수 있도록 체계적으로 총망라하였다.
신국판 / 552쪽 / 19,500원

맨손창업·맞춤창업 BEST 74
양혜숙 지음

창업대행 현장 전문가가 추천하는 유망업종을 7가지 주제별로 나누어 수록한 맞춤 창업서로 창업예비자들에게 창업의 길을 밝혀줄 발로 뛰면서 만든 실무 지침서!!
신국판 / 416쪽 / 12,000원

무자본, 무점포 창업! FAX 한 대면 성공한다
다카시로 고시 지음 / 홍영의 옮김

완벽한 FAX 활용법을 제시하여 가장 적은 자본으로 창업하려는 예비자들에게 큰 투자를 필요로 하지 않으면서 성공을 이끌어 주는 길라잡이가 되는 실무 지침서.

신국판 / 226쪽 / 7,500원

성공하는 기업의 인간경영
중소기업 노무 연구회 편저 / 홍영의 옮김

무한경쟁시대에서 각 기업들의 다양한 경영 실태 속에서 인사·노무 관리 개선에 있어서 기업의 효율을 높이고 발전을 이룰 수 있는 원칙을 제시.
신국판 / 368쪽 / 11,000원

21세기 IT가 세계를 지배한다
김광희 지음

21세기 화두로 떠오른 IT혁명의 경쟁력에 대해서 전문가의 논리적이고 철저한 해설과 더불어 매장 끝까지 실제 사례를 곁들여 설명. 신국판 / 380쪽 / 12,000원

경제기사로 부자아빠 만들기
김기태·신현태·박근수 공저

날마다 배달되는 경제기사를 꼼꼼히 챙겨 보는 사람만이 현대생활에서 부자가 될 수 있다. 언론인의 현장감각과 학자의 전문성을 접목시킨 것이 이 책의 특성! 누구나 이 책을 읽고 경제원리를 체득, 경제예측을 할 수 있게 준비된 생활경제서적.
신국판 / 388쪽 / 12,000원

포스트 PC의 주역 정보가전과 무선인터넷
김광희 지음

포스트 PC의 주역으로 급부상하고 있는 정보가전과 무선인터넷 그리고 이를 구현하기 위한 관련 테크놀러지를 체계적으로 소개. 신국판 / 356쪽 / 12,000원

성공하는 사람들의 마케팅 바이블
채수명 지음

최근의 이론을 보완하여 내놓은 마케팅 관련 실무서. 마케팅의 정보전략, 핵심요소, 컨설팅실무까지 저자의 노하우와 창의적인 이론이 결합된 마케팅서.

신국판 / 328쪽 / 12,000원

느린 비즈니스로 돌아가라
사카모토 게이이치 지음 / 정성호 옮김

미국식 스피드 경영에 익숙해져 현실의 오류를 간과하고 있는 사람들을 위한 어떻게 팔 것인가보다 무엇을 팔 것인가를 차분히 설명하는 마케팅 컨설턴트의 대안 제시서! 신국판 / 276쪽 / 9,000원

적은 돈으로 큰돈 벌 수 있는 부동산 재테크
이원재 지음

700만 원으로 부동산 재테크에 뛰어들어 100배 불린 저자가 부동산 재테크를 계획하고 있는 사람들이 반드시 알아두어야 할 내용을 경험담을 담아 해설해 놓은 경제서. 신국판 / 340쪽 / 12,000원

바이오혁명
이주영 지음

21세기 국가간 경쟁부문으로 새로이 떠오르고 있는 바이오혁명에 관한 기초지식을 언론사에 몸담고 있는 현직 기자가 아주 쉽게 해설해 놓은 바이오 가이드서. 바이오 관련 용어 해설 수록.
신국판 / 328쪽 / 12,000원

두뇌혁명
나카마츠 요시로 지음 / 민병수 옮김

『뇌혁명』 하루야마 시게오의 추천작!!
어른들을 위한 두뇌 개발서로, 풍요로운 인생을 만들기 위한 '뇌'와 '몸' 자극법 제시. 4×6판 양장본 / 288쪽 / 12,000원

성공하는 사람들의 자기혁신 경영기술
채수명 지음

자기 계발을 통한 신지식 자기경영마인드를 갖추어야 한다는 전제 아래 그 방법을 자세하게 알려주는 자기계발 지침서.
신국판 / 344쪽 / 12,000원

CFO
교텐 토요오 · 타하라 오키시 지음 /
민병수 옮김

일반인들에게 생소한 용어인 CFO. 세계화에 발맞추어 기업이 경쟁력을 갖추려면 CFO, 즉 최고 재무책임자의 역할이 지금까지와는 완전히 달라져야 한다. 이에 기업을 이끌어가는 새로운 키잡이로서의 CFO의 역할, 위상 등을 일본의 기업을 중심으로 하여 알아보고 바람직한 방향을 제시한다. 신국판 / 312쪽 / 12,000원

네트워크시대 네트워크마케팅
임동학 지음

학력, 사회적 지위 등에 관계 없이 자신이 노력한 만큼 돈을 벌 수 있는 네트워크마케팅에 관해 알려주는 안내서.
신국판 / 376쪽 / 12,000원

성공리더의 7가지 조건
다이앤 트레이시 · 윌리엄 모건 지음 /
지창영 옮김

개인과 팀, 조직관계의 개선을 위한 방향 제시 및 실천을 위한 안내자 역할을 해주는 책. 현장에서 활용할 수 있는 실용서.
신국판 / 360쪽 / 13,000원

김종결의 성공창업
김종결 지음

누구나 창업을 할 수는 있지만 아무나 돈을 버는 것은 아니다라는 전제 아래 중견 연기자로서, 음식점 사장님으로 성공한 탤런트 김종결의 성공비결을 통해 창업전략과 성공전략을 제시한다.
신국판 / 340쪽 / 12,000원

최적의 타이밍에 내 집 마련하는 기술
이원재 지음

부동산을 통한 재테크의 첫걸음 '내 집 마련'의 결정판. 체계적이고 한눈에 쏙 들어오는 '내 집 장만 과정'을 쉽게 풀어놓은 부동산재테크서. 신국판 / 248쪽 / 10,500원

컨설팅 세일즈 Consulting sales
임동학 지음

발로 뛰는 영업이 아니라 머리로 하는 영업이 절실히 요구되는 시대 상황에 맞추어 고객지향의 세일즈, 과제해결 세일즈, 구매자와 공급자 간에 서로 단축하는 세일즈법 제시. 대국전판 / 336쪽 / 13,000원

연봉으로 10억 만들기
김농주 지음

연봉으로 말해지는 임금을 재테크하여 부자가 될 수 있는 방법 제시. 고액의 연봉을 받기 위해서 개인이 갖추어야 할 실무적 능력, 태도, 마음가짐, 재테크 수단 등을 각 주제에 따라 구체적으로 제시함으로써 부자를 꿈꾸는 사람들이 그 희망을 이룰 수 있게 해준다.
신국판 변형 / 216쪽 / 10,000원

주 식

개미군단 대박맞이 주식투자
홍성걸(한양증권 투자분석팀 팀장) 지음

초보에서 인터넷을 활용한 주식투자까지 필자의 현장에서의 경험을 바탕으로 한 주식 성공전략의 모든 정보 수록.
신국판 / 310쪽 / 9,500원

알고 하자! **돈 되는 주식투자**
이길영 외 2명 공저

일본과 미국의 주식시장을 철저한 분석과 데이터화를 통해 한국 주식시장의 투자의 흐름을 파악함으로써 한국 주식시장에서의 확실한 성공전략 제시!!
신국판 / 388쪽 / 12,500원

항상 당하기만 하는 개미들의 매도·매수타이밍
999% 적중 노하우
강경무 지음

승부사를 꿈꾸며 와신상담하는 모든 이들에게 희망의 등불이 될 것을 확신하는 Jusicman이 주식시장에서 돈벌고 성공할 수 있는 비결 전격공개!!

신국판 / 336쪽 / 12,000원

부자 만들기 주식성공클리닉
이창희 지음

저자의 경험담을 섞어서 주식이란 무엇인가를 풀어서 써놓은 주식입문서. 초보자와 자신을 성찰해볼 기회를 가지려는 기존의 투자자를 위해 태어났다.
신국판 / 372쪽 / 11,500원

선물·옵션 이론과 실전매매
이창희 지음

선물과 옵션시장에서 일반인들이 실패하는 원인을 분석하고, 반드시 지켜야 할 투자원칙에 따라 유형별로 실전 매매 테크닉을 터득함으로써 투자를 성공적으로 할 수 있게 한 지침서!! 신국판 / 372쪽 / 12,000원

너무나 쉬워 재미있는 주가차트
홍성무 지음

주식시장에서는 차트 분석을 통해 주가를 예측하는 투자자만이 주식투자에서 성공하므로 차트에서 급소를 신속, 정확하게 뽑아내 매매타이밍을 잡는 방법을 알려주는 주식투자 지침서.
4×6배판 / 216쪽 / 15,000원

역 학

역리종합 만세력
정도명 편저

현존하는 만세력 중 최장 기간을 수록하였으며 누구나 이 책을 보고 자신의 사주를 쉽게 찾아보고 맞춰 볼 수 있게 하였다.
신국판 / 532쪽 / 10,500원

작명대전
정보국 지음

독자들 스스로 작명할 수 있도록 한글 소리 발음에 입각한 작명의 원리를 밝힌 길라잡이서. 신국판 / 460쪽 / 12,000원

하락이수 해설
이천교 편저

점서학인 하락이수를 직역으로 풀어 놓아 원작자의 깊은 뜻을 원형 그대로 전달하고 원문을 공부하려는 사람들에게 도움이 되는 해설서이다. 신국판 / 620쪽 / 27,000원

현대인의 창조적 관상과 수상
백운산 지음

관상학을 터득하여 적절히 운명에 대처해 나감으로써 어느 분야에서든지 성공적인 삶을 누릴 수 있는 비법을 전해줄 것이다.
신국판 / 344쪽 / 9,000원

대운용신영부적
정재원 지음

수많은 역사와 신비로운 영험을 지닌 1,000여 종의 부적과 저자가 수십 년간 연구·개발한 200여 종의 부적들을 집대성한 국내 최대의 영부적이다.

신국판 양장본 / 750쪽 / 39,000원

사주비결활용법
이세진 지음

컴퓨터와 역학의 만남!! 운명의 숨겨진 비밀을 꿰뚫어 보는 신녹현사주 방정식의 모든 것을 수록. 신국판 / 392쪽 / 12,000원

컴퓨터세대를 위한 新 **성명학대전**
박용찬 지음

이름 속에 운명을 바꾸는 비결이 있다. 태

어난 아기 이름은 물론 개명·상호·아호 짓는 법까지 사람이 살아가면서 필요한 모든 이름 짓기가 총망라되어 각자의 개성과 사주에 맞게 이름을 짓는 작명비법을 수록. 신국판 / 388쪽 / 11,000원

길흉화복 꿈풀이 비법
백운산 지음

길몽과 흉몽을 구분하여 그림과 함께 보기 쉽게 엮었으며, 특히 요즘 신세대 엄마들에게 관심이 많은 태몽이 여러 가지로 자세하게 풀이되어 있다.
신국판 / 410쪽 / 12,000원

새천년 작명컨설팅
정재원 지음

혼자 배워야 하는 독자들도 정말 이해하기 쉽도록 구성된 신세대 부모를 위한 쉽고 좋은 아기 이름만들기의 결정판.
신국판 / 470쪽 / 13,000원

백운산의 신세대 궁합
백운산 지음

남녀궁합 보는 법뿐만 아니라 인간관계, 출세, 재물, 자손문제, 건강문제, 성격, 길흉관계 등을 미리 규명할 수 있도록 쉽게 풀어놓았다. 신국판 / 304쪽 / 9,500원

동자삼 작명학
남시모 지음

최초의 한글 성명학으로 한글의 독창성·우수성·과학성을 운명철학 차원에서 검증한, 한국사람에게 알맞은 건물명·상호·물건명 등의 이름을 자신에게 맞는 한글이름으로 지을 수 있는 작명비법을 제시한다. 신국판 / 496쪽 / 15,000원

구성학의 기초
문길여 지음

방위학의 모든 것을 통하여 개인의 일생운·결혼운·사고운·가정운·부부운·자식운·출세운을 성공적으로 이끄는 비법 공개. 신국판 / 412쪽 / 12,000원

법률 일반

여성을 위한 성범죄 법률상식
조명원(변호사) 지음

성희롱에서 성폭력범죄까지 여성이었기 때문에 특히 말 못하고 당해야만 했던 이 땅의 여성들을 위한 성범죄 법률상식서. 사례별 법적 대응방법 제시.

신국판 / 248쪽 / 8,000원

아파트 난방비 75% 절감방법
고영근 지음

예비역 공군소장이 잘못 부과된 아파트 난방비를 최고 75%까지 줄일 수 있는 방법을 구체적인 법적 근거를 토대로 작성한 아파트 난방비 절감방법 제시.

신국판 / 238쪽 / 8,000원

일반인이 꼭 알아야 할 절세전략 173선
최성호(공인회계사) 지음

세법을 제대로 알면 돈이 보인다.
현직 공인중개사가 알려주는 합법적으로 세금을 덜 내고 돈을 버는 절세전략의 모든 것! 신국판 / 392쪽 / 12,000원

변호사와 함께하는 부동산 경매
최환주(변호사) 지음

새 상가건물임대차보호법에 따른 권리분석과 채무자나 세입자의 권리방어기법을 제시한다. 또한 새 민사집행법에 따른 각 사례별 해설도 수록.

신국판 / 404쪽 / 13,000원

혼자서 쉽고 빠르게 할 수 있는 소액재판
김재용·김종철 공저

나홀로 소액재판을 할 수 있도록 소장작성에서 판결까지의 실제 재판과정을 상세하게 수록하여 이 책 한 권이면 모든 것을 완벽하게 해결할 수 있다.

신국판 / 312쪽 / 9,500원

"술 한 잔 사겠다"는 말에서 찾아보는 채권·채무
변환철 지음

일반인들이 꼭 알아야 할 채권·채무에 관한 법률 사항을 빠짐없이 수록.

신국판 / 408쪽 / 13,000원

알기쉬운 부동산 세무 길라잡이
이건우 지음

부동산에 관련된 모든 세금을 알기 쉽게 단계별로 해설. 합리적이고 탈세가 아닌 적법한 절세법 제시.

신국판 / 400쪽 / 13,000원

알기쉬운 어음, 수표 길라잡이
변환철(변호사) 지음

어음, 수표의 발행에서부터 도난 또는 분실한 경우의 공시최고와 제권판결에 이르기까지 어음, 수표 관련 법률사항을 쉽고도 상세하게 압축해 놓은 생활법률서.

신국판 / 328쪽 / 11,000원

제조물책임법
강동근 · 윤종성 공저

제품의 설계, 제조, 표시상의 결함으로 소비자가 피해를 입었을 때 제조업자가 배상책임을 져야 하는 제조물책임 시대를 맞아 제조업자가 갖춰야 할 법률적 지식을 조목조목 설명해 놓은 법률서.

신국판 / 368쪽 / 13,000원

알기 쉬운

주5일근무에 따른 임금 · 연봉제 실무
문강분 지음

최근의 행정해석과 판례를 중심으로 임금관련 문제를 정리하고 기업에서 관심이 많은 연봉제 및 성과배분제, 비정규직문제, 여성근로자문제 등의 이슈들과 주40시간제 법개정, 퇴직연금제 도입 등 최근의 법 · 시행령 개정사항을 모두 수록한 임금 · 연봉제실무 지침서.

4×6배판 변형 / 544쪽 / 35,000원

변호사 없이 당당히 이길 수 있는 형사소송
김대환 지음

우리 생활과 함께 숨쉬는 형사법 서식을 구체적인 사례와 함께 소개. 내 손으로 간결하고 명확한 고소장 · 항소장 · 상고장 등 형사소송서식을 작성할 수 있다. 형사소송 관련 서식 디스켓 수록.

신국판 / 304쪽 / 13,000원

생활법률

부동산 생활법률의 기본지식
대한법률연구회 지음 / 김원중 감수

부동산관련 기초지식과 분쟁해결을 위한 노하우, 테크닉을 제시하고 권두 특집으로 주택건설종합계획과 부동산 관련 정부 주요 시책을 소개하였다.

신국판 / 480쪽 / 12,000원

고소장 · 내용증명 생활법률의 기본지식
하태웅 지음

스스로 고소 · 고발장을 작성할 수 있도록 예문과 서식을 함께 소개. 또 민사소송에 대해서도 자세하게 설명.

신국판 / 440쪽 / 12,000원

노동 관련 생활법률의 기본지식
남동희 지음

4만 여 건 이상의 무료 상담을 계속하고 있는 저자의 상담 사례를 통해 문답식으로 풀어나가는 노동 관련 생활법률 해설의 최신 결정판. 신국판 / 528쪽 / 14,000원

외국인 근로자 생활법률의 기본지식
남동희 지음

외국인 연수협력단의 자문위원으로 오랜 시간 실무를 접했던 저자의 경험을 바탕으로 외국인 근로자의 체류자격 및 취업자격 등 법적 문제와 법률적 지위를 상세하게 다루었다. 신국판 / 400쪽 / 12,000원

계약작성 생활법률의 기본지식
이상도 지음

국민생활과 직결된 계약법의 기초를 이루는 핵심 기본지식을 간단명료한 해설 및 관련 계약서 작성 예문과 함께 제시.

신국판 / 560쪽 / 14,500원

지적재산 생활법률의 기본지식
이상도 · 조의제 공저

현대 산업사회에서 중요시되고 있는 특허, 실용신안, 의장, 상표, 저작권, 컴퓨터프로그램저작권 등 지적재산의 모든 것을 체계화하여 한 권으로 요약하였다.

신국판 / 496쪽 / 14,000원

부당노동행위와 부당해고 생활법률의 기본지식
박영수 지음

노사관계 핵심사항인 부당노동행위와 정리해고·징계해고를 중심으로 간단 명료한 해설과 더불어 대법원 판례, 노동위원회에 의한 구제절차, 소송절차 및 노동부 업무처리지침을 소개.

신국판 / 432쪽 / 14,000원

주택·상가임대차 생활법률의 기본지식
김운용 지음

전세업자들이 보증금 반환소송이나 민사소송, 경매절차까지의 기본적인 흐름을 알 수 있도록 인터넷을 통한 실제 법률 상담을 전격 수록. 신국판 / 480쪽 / 14,000원

하도급거래 생활법률의 기본지식
김진홍 지음

경제적 약자인 하도급업자를 위하여 하도급거래 관련 필수적인 법률사안들을 쉽게 해설함과 동시에 실무에 필요한 12가지 하도급표준계약서를 소개.

신국판 / 440쪽 / 14,000원

이혼소송과 재산분할 생활법률의 기본지식
박동섭 지음

이혼과 관련하여 해결해야 할 법률문제들을 저자의 실무경험을 바탕으로 명쾌하게 해설하였다. 아울러 약혼이나 사실혼파기로 인한 위자료문제도 함께 다루어 가정문제로 고민하는 사람들에게 길잡이가 되도록 하였다. 신국판 / 460쪽 / 14,000원

부동산등기 생활법률의 기본지식
정상태 지음

등기를 하지 않으면 어떤 위험이 따르고, 등기를 하면 어떤 효력이 생기는가! 등기 신청은 어떻게 하며, 필요한 서류는 무엇이고, 등기종류에는 어떤 것들이 있는가 등 부동산등기 전반에 걸쳐 일반인이 꼭 알아야 할 법률상식을 간추려 간단 명료하게 해설하였다. 신국판 / 456쪽 / 14,000원

기업경영 생활법률의 기본지식
안동섭 지음

사업을 구상하고 있는 사람이나 현재 경영하고 있는 사람 및 관리실무자에게 필요한 법률을 체계적으로 알려주고 관련 법률서식과 서식작성 예문도 함께 소개.

신국판 / 466쪽 / 14,000원

교통사고 생활법률의 기본지식
박정무·전병찬 공저

교통사고 당사자가 쉽게 응용할 수 있도록 단계별 해결책을 제시함과 동시에 사고유형별 Q&A를 통하여 상세한 법률자문 역할을 하였다. 신국판 / 480쪽 / 14,000원

소송서식 생활법률의 기본지식
김대환 지음

일상생활과 밀접한 소송서식을 중심으로 소장작성부터 판결을 받을 때까지 그 서식 작성요령을 서식마다 항목별로 자세하게 설명하였다. 신국판 / 480쪽 / 14,000원

호적·가사소송 생활법률의 기본지식
정주수 지음

개명, 성·본 창설, 취적절차 및 법원의 허가 및 판결에 의한 호적정정절차, 친권·후견절차, 실종선고·부재선고절차에 상세한 해설과 함께 신고서식 작성요령과 구비할 서류 및 재판절차에 대하여 자세히 설명. 신국판 / 516쪽 / 14,000원

상속과 세금 생활법률의 기본지식
박동섭 지음

상속재산분할, 상속회복청구, 유류분반환청구, 상속세부과처분취소 등 상속관련 사건들을 해결하는 데 도움이 되도록 상속법과 상속세법을 상세하게 함께 수록.

신국판 / 480쪽 / 14,000원

담보·보증 생활법률의 기본지식
류창호 지음

살아가다 보면 담보를 제공하거나 보증을 서는 일이 비일비재하다. 이렇게 담보를 제공하거나 보증을 섰는데 문제가 생겼을 때의 해결방법을 법조항 설명과 함께 실례를 실어 알아 본다. 신국판 / 436쪽 / 14,000원

소비자보호 생활법률의 기본지식
김성천 지음

소비자의 권리 실현 보장 관련 법률 및 소비자 파산 문제를 상세한 해설·판례와 함께 모두 수록. 신국판 / 504쪽 / 15,000원

처 세

성공적인 삶을 추구하는 여성들에게 우먼파워
조안 커너·모이라 레이너 공저 / 지창영 옮김

사회의 여성을 향한 냉대와 편견의 벽을 깨뜨리고 성공적인 삶을 이루려는 여성들이 갖추어야 할 자세 및 삶의 이정표 제시!! 신국판 / 352쪽 / 8,800원

聽 이익이 되는 말 話 손해가 되는 말
우메시마 미요 지음 / 정성호 옮김

직장이나 집안에서 언제나 주고받는 일상의 화제를 모아 실음으로써 대화의 참의미를 깨닫고 비즈니스를 성공적으로 이끌기 위한 대화술을 키우는 방법 제시!!
신국판 / 304쪽 / 9,000원

성공하는 사람들의 화술테크닉
민영욱 지음

개인간의 사적인 대화에서부터 대중을 위한 공적인 강연에 이르기까지 어떻게 말하고 어떻게 스피치를 할 것인가에 관한 지침서. 신국판 / 320쪽 / 9,500원

부자들의 생활습관 가난한 사람들의 생활습관
다케우치 야스오 지음 / 홍영의 옮김

경제학의 발상을 기본으로 하여 사람들이 살아가면서 생활에서 생각해 볼 수 있는 이익을 보는 생활습관과 손해를 보는 생활습관을 수록, 독자 자신에게 맞는 생활습관의 기본 전략을 설계할 수 있도록 제시.
신국판 / 320쪽 / 9,800원

코끼리 귀를 당긴 원숭이
-히딩크식 창의력을 배우자
강충인 지음

코끼리와 원숭이의 우화를 히딩크의 창조적 경영기법과 리더십에 대비하여 자기혁신, 기업혁신을 꾀하는 창의력 개발법을 제시. 신국판 / 208쪽 / 8,500원

성공하려면 유머와 위트로 무장하라
민영욱 지음

21세기에 들어 새로운 추세를 형성하고 있는 말 잘하기. 이러한 추세에 맞추어 현재 스피치 강사로 활약하고 있는 저자가 말을 잘하는 방법과 유머와 위트를 만들고 즐기는 방법을 제시한다.
신국판 / 292쪽 / 9,500원

동소평의 오똑이전략
조창남 편저

중국 역사상 정치·경제·학문 등의 분야에서 최고 위치에 오른 리더들의 인재활용, 상황 극복법 등 처세 전략·전술을 통해 이 시대의 성공인으로 자리매김하는 해법 제시. 신국판 / 304쪽 / 9,500원

노무현 화술과 화법을 통한 이미지 변화
이현정 지음

현재 불교방송에서 활동하고 있는 이현정 아나운서의 화술 길라잡이서. 노무현 대통령의 독특한 화술과 화법을 통해 리더로서, 성공인으로서 갖추어야 할 화술 화법을 배우는 화술 실용서.
신국판 / 320쪽 / 10,000원

성공하는 사람들의 토론의 법칙
민영욱 지음

다양한 사람들의 다양한 욕구를 하나로 응집시키는 수단으로 등장하고 있는 토론에 관해 간단하고 쉽게 제시한 토론 길라잡이서. 신국판 / 280쪽 / 9,500원

사람은 칭찬을 먹고산다
민영욱 지음

말 한마디에 천냥 빚을 갚는다는 속담이 있다. 현대에서 성공하는 사람으로 남기 위해서는 남을 칭찬할 줄도 알아야 한다. 성공하는 사람이 되기 위해서 알아야 할 칭찬 스피치의 기법, 특징 등을 실생활에 적용해 설명해놓은 성공처세 지침서.
신국판 / 268쪽 / 9,500원

명 상

명상으로 얻는 깨달음
달라이 라마 지음 / 지창영 옮김

티베트의 정신적 지도자이자 실질적 지도자인 달라이 라마의 수많은 가르침 가운데 현대인에게 필요해지고 있는 안내에 대한 이야기. 국판 / 320쪽 / 9,000원

어 학

2진법 영어
이상도 지음

2진법 영어의 비결을 통해서 기존 영어학습 방법의 단점을 말끔히 해소시켜 주는 최초로 공개되는 고효율 영어학습 방법. 적은 시간을 투자하여 영어의 모든 것을 획기적으로 향상시킬 수 있는 비법을 제시한다. 4×6배판 변형 / 328쪽 / 13,000원

한 방으로 끝내는 영어
고제윤 지음

일상생활에서의 이야기를 바탕으로 하는 영어강의로 영어문법은 재미없고 지루하다고 생각하는 이 땅의 모든 사람들의 상식을 깨면서 학습 효과를 높이기 위한 공부방법을 제시하는 새로운 영어학습서.
신국판 / 316쪽 / 9,800원

한 방으로 끝내는 영단어
김승엽 지음 / 김수경·카렌다 감수

일상생활에서 우리가 무심코 던지는 영어 한마디가 당신의 영어수준을 드러낸다는 사실을 깨닫게 하는 영어 실용서. 풍부한 예문을 통해 참영어를 배우겠다는 사람, 무역업이나 관광 안내업에 종사하는 사람, 영어권 나라로 이민을 가려는 사람들에게 많은 도움을 줄 것이다.
4×6배판 변형 / 236쪽 / 9,800원

해도해도 안 되던 영어회화 하루에 30분씩 90일이면 끝낸다
Carrot Korea 편집부 지음

온라인과 오프라인을 넘나들면서 영어학습자들의 각광을 받고 있는 린다의 현지 생활 영어 수록. 교과서에서 배울 수 없었던 생생한 실생활 영어를 90일 학습으로 모두 끝낼 수 있다.
4×6배판 변형 / 260쪽 / 15,000원

바로 활용할 수 있는 기초생활영어
김수경 지음

다양한 상황에 대처할 수 있도록 인사나 감정 표현, 전화나 교통, 장소 및 기타 여러 사항에 관한 기초생활영어를 총망라.
신국판 / 240쪽 / 10,000원

바로 활용할 수 있는 비즈니스영어
김수경 지음

해외 출장시, 외국의 바이어 접견시 기본적으로 사용할 수 있는 상황별 센텐스를 수록하여 해외 출장 준비 및 외국 바이어 접견을 완벽하게 끝낼 수 있게 했다.
신국판 / 252쪽 / 10,000원

생존영어55
홍일록 지음

살아 있는 영어를 익힐 수 있는 기회 제공. 반드시 알아야 할 핵심 센텐스를 저자가 미국 현지에서 겪었던 황당한 사건들과 함께 수록, 재미도 느낄 수 있다.
신국판 / 224쪽 / 8,500원

필수 여행영어회화
한현숙 지음

해외로 여행을 갔을 때 원어민에게 바로 통할 수 있는 발음 수록. 자신 있고 당당한 자기 표현으로 즐거운 여행을 할 수 있도록 손안의 가이드 역할을 해줄 것이다.
4×6배판 변형 / 328쪽 / 7,000원

스포츠

수열이의 브라질 축구 탐방 삼바 축구, 그들은 강하다
이수열 지음

축구에 대한 관심만으로 각 나라의 축구팀, 특히 브라질 축구팀에 애정을 가지고 브라질 축구팀의 전력 및 각 선수들의 장단점을 나름대로 분석하고 연구하여 자신의 의견을 피력하고 있는 축구 길라잡이서. 신국판 / 280쪽 / 8,500원

마라톤, 그 아름다운 도전을 향하여
빌 로저스·프리실라 웰치·조 헨더슨 공저 / 오인환 감수 / 지창영 옮김

마라톤에 입문하고자 하는 초보 주자들을 위한 마라톤 가이드서. 올바르게 달리는 법, 음식 조절법, 달리기 전 준비운동, 주자에게 맞는 프로그램 짜기, 부상 예방법을 상세하게 설명하고 있다.
4×6배판 / 320쪽 / 15,000원

레포츠

퍼팅 메커닉
이근택 지음

감각에 의존하는 기존 방식의 퍼팅은 이제 그만!!
저자 특유의 과학적 이론을 신체근육 운동학에 접목시켜 몸의 무리를 최소한으로 덜고 최대한의 정확성과 거리감을 갖게 하는 새로운 퍼팅 메커닉 북.
4×6배판 변형 / 192쪽 / 18,000원

아마골프 가이드
정영호 지음

골프를 처음 시작하는 모든 아마추어 골퍼를 위해 보다 쉽고 빠르게 이해할 수 있도록 내용이 구성된 아마골프 레슨 프로그램서. 4×6배판 변형 / 216쪽 / 12,000원

인라인스케이팅 100% 즐기기
임미숙 지음

레저 문화에 새로운 강자로 자리매김하고 있는 인라인 스케이팅을 안전하고 재미있게 즐길 수 있도록 알려주는 인라인 스케이팅 지침서. 각단계별 동작을 한눈에 알아볼 수 있도록 세부 동작별 일러스트 수록. 4×6배판 변형 / 172쪽 / 11,000원

배스낚시 테크닉
이종건 지음

현재 한국배스스쿨에서 강사로 활약하고 있는 아마추어 배스 낚시꾼이 중급 수준의 배스 낚시꾼들이 자신의 실력을 한 단계 업그레이드 시킬 수 있도록 루어의 활용, 응용법 등을 상세하게 해설.
4×6배판 / 440쪽 / 20,000원

나도 디지털 전문가 될 수 있다!!!
이승훈 지음

깜찍한 디자인과 간편하게 휴대할 수 있다는 장점 때문에 새로운 생활필수품으로 자리를 잡아가고 있는 디카·디캠을 짧은 시간 안에 쉽게 배울 수 있도록 해놓은 초보자를 위한 디카·디캠길라잡이서.
4×6배판 / 320쪽 / 19,200원

스키 100% 즐기기
김동환 지음

스키 인구의 확산 추세에 따라 스키의 기초 이론 및 기본 동작부터 상급의 기술까지 단계별 동작을 전문가의 동작사진을 곁들여 내용 구성.
4×6배판 변형 / 184쪽 / 12,000원

태권도 총론
하용의 지음

우리의 국기 태권도에 관한 실용 이론서. 지도자가 알아야 할 사항, 태권도장 운영 이론, 응급처치법 및 태권도 경기규칙 등 필수 내용만 수록.
4×6배판 / 288쪽 / 15,000원

건강하고 아름다운 동양란 기르기
난마을 지음

동양란 재배의 첫걸음부터 전시회 출품까지 동양란의 모든 것 수록. 동양란의 구조·특징·종류·감상법, 꽃대 관리·꽃 피우기·발색 요령 등 건강하고 아름다운 동양란 만들기로 구성.
4×6배판 변형 / 184쪽 / 12,000원